John R. McCollins

DIE LICHTREIHE

Der Weg zur Liebe und zum wahren Licht

in der Dunkelheit dieses Tages

Impressum:

John R. McCollins
c/o Fakriro GbR / Impressumservice
Bodenfeldstr. 9
91438 Bad Windsheim

Fotos, Grafiken, Gestaltung, Umschlag und Satz: Autor

ISBN: 978-3-759224-97-2
Preis: 19,99 €

Dieses Buch ist auch als E-Book erhältlich:
ISBN E-Book: 978-3-759225-80-1

Herstellung und Druck über tolino media GmbH & Co. KG,
Albrechtstr. 14, 80636 München. Printed in Germany.
Fragen zu Produktsicherheit an: gpsr@tolino.media.

Anstelle eines Vorwortes:

Das Ihnen vorliegende Buch ist keine wissenschaftliche Abhandlung.
Es erhebt weder einen Anspruch auf Vollständigkeit, noch Allgemeingültigkeit und auch keinen Anspruch auf die absolute Wahrheit oder Anwendbarkeit.
Ein jeder Leser sollte dieses Buch mit denkendem und kritischem Verstand lesen und prüfen, ob die hier gegebenen Hinweise und Wege für ihn umsetzbar und nützlich sind.
Der Verfasser.

Der Leitgedanke:

„In der Dunkelheit Deines Tages
leuchten schon
die Liebe und das wahre Licht
des kommenden Morgens.
Öffne die Augen, um sie zu erkennen.“

Inhaltsverzeichnis

Erster Teil

Vom Sinn unseres Lebens und Wirkens

Das Prinzip von ‚Gut' und ‚Böse'

‚Gut' und ‚Böse' sind zwei der bedeutendsten Pole im menschlichen Leben. Jeder Mensch durchläuft in seinem Erdendaseins immer und immer wieder auch diese beiden Stationen seiner Gefühls- und Daseinswelt. Der eine häufiger die Stationen des ‚Guten', ein anderer dagegen häufiger die Stationen des ‚Bösen', je nachdem, welche Entwicklungsstufe als Mensch derjenige bereits und tatsächlich erreicht hat.

Wenn man sein bisheriges Leben vorbehaltlos, vorurteilsfrei und rückschauend betrachtet, fällt einem sehr markant auf, dass das ‚Gute' nicht unbedingt aktiv werden **MUSS**, um tatsächlich wahres Gutes zu schaffen. Das ‚Gute' ist somit sogar in der Lage, durch bloße Anwesenheit, ‚Gutes' zu erschaffen oder zu bewirken. Das ‚Gute' verfügt somit und **GLEICHERMASSEN** sowohl über eine **passive** als auch über eine **aktive Seite des Wirkens**.
Während die passive Seite des ‚Guten' meist lediglich das Gleichgewicht zwischen ‚Gut' und ‚Böse' vor dem ‚Umkippen' in das Negative bewahrt, entfaltet die aktive Seite des ‚Guten' eine unbändige und unbezwingbare positive Energie. Einmal aktiviert, fegt diese alles ‚Böse', so zu sagen, ‚mit einem Handstreich', vom Tisch der Geschichte.
Dies ist im ‚Bösen' niemals möglich. Das ‚Böse' **muss**, um tatsächlich als ‚Böses' oder auch ‚Verneinendes' [1] zu wirken, **IMMER aktiv werden**. Das ‚böse Prinzip' ist daher immer ein

---

[1] „Ich bin der Geist, der stets verneint"- Mephisto zu Faust, Johann Wolfgang von Goethe – Faust Erster Teil

aktives Prinzip. Man kann niemals ‚Böses' in dieser Welt tun, ohne selbst, oder durch Dritte, dahingehend aktiv zu werden.

Hüte Dich stets davor, Dich als den ‚Guten dieser Welt' zu sehen. Dies ist fast immer der Beginn des Weges, Deines Weges, zur Dunkelheit in Deinem Inneren.

Die Aussage:

„Ich bin ‚der Gute dieser Welt' und ich rühme mich dessen." [2]

dürfte daher, zumindest in diesen Kontext gestellt, wohl auch mehr durch das jeweilige ‚Ego' des Sprechenden geprägt oder aus einem selbstempfundenen und scheinbaren Gefühl ‚Ich bin der Gute, weil ich mildtätig oder barmherzig bin' heraus, entsprungen sein.

Der Sprechende sieht sich selbst, meist wie in einem Zerrspiegel seiner Wahrnehmung, als die gewünschte Person oder eben auch nur als im Besitz dieser gewünschten Eigenschaft. Selbstempfundene Güte oder selbstempfundene Barmherzigkeit, die nur da ist, um von der Öffentlichkeit wahrgenommen zu werden, die öffentlichen Dank und öffentliche Würdigung erwartet, hat ihren Quell selten im Wahren und, wenn man so will auch selten im ‚Guten' unserer

---

[2] Dieser Ausspruch wird wohl in ähnlicher Form in der Historie mehreren Personen zugeordnet. So u.a. Georg-Volkmar Graf Zedtwitz von Arnim-Nechlin und Walter Fischer, „Tue Gutes und rede darüber", Verlag Orell Füssli 2002, dort jedoch jeweils in einem anderen Kontext und in einer anderen Bedeutung.

jeweiligen Gefühls- und Daseinswelt (siehe auch das Kapitel: Vom ‚Selbstempfundenen Gutmenschen'). Erkenne dies und wende Dich konsequent ab von diesem Weg der selbstempfundenen ‚Wohltäter' oder auch ‚selbstempfundenen Gutmenschen'.

Suche und verfolge den Weg der wahren Güte und der wahren Mildtätigkeit. Ehrliche und aus reinstem Herzen strömende, uneigennützige Hilfe und Liebe erwartet niemals Dank dafür. Die öffentliche Würdigung oder der Dank ist niemals die Triebfeder eines ‚guten' Handelns.

Von ‚Zeit' und ‚Energie'

"Your time is limited, so don't waste it living someone else's life. Don't be trapped by dogma – which is living with the results of other people's thinking. Don't let the noise of others' opinions drown out your own inner voice. And most important, have the courage to follow your heart and intuition. They somehow already know what you truly want to become. Everything else is secondary."

Steve Jobs [3]

Frei übersetzt: „Unsere Zeit ist begrenzt. Verschwende Deine Zeit nicht damit, dass Leben eines Anderen zu leben. Gehe nicht in die Falle eines Dogmas, was bedeuten würde, nur mit dem Ergebnis des Denkens anderer Leute zu leben. Lasse es nicht zu, dass der Lärm anderer Meinungen Deine innere Stimme erstickt. Aber das Allerwichtigste ist, habe den Mut, immer Deinem Herzen und Deiner Intuition zu folgen. Diese beiden wissen irgendwie immer und wahrhaftig, was Du wirklich tun und werden sollst, [was dein wahres Ziel ist]. Alles andere ist Zweitrangig."

Steve Jobs

Über die ‚Zeit' haben sich schon fast alle großen Denker dieser Welt vor uns Ihre Gedanken gemacht und haben das scheinbare

---

[3] Steve Jobs, Rede bei der 114. Abschlussfeier an der Stanford Universität am 12. Juni 2005

Rätsel oder die uns umtreibenden Frage: ‚Was ist Zeit' zu lösen versucht. Je nach Zeitepoche und persönlicher Sichtweise sind dabei ganz unterschiedliche und sich manchmal sogar scheinbar widersprechende Antworten gefunden worden.
Im Rahmen dieses Buches wollen wir versuchen, uns diesem Thema von einer, vielleicht etwas ungewöhnlichen, aber möglicherweise auch interessanten, Sichtweise zu nähern. Ausgehend von der Grundthese, dass alles im Universum schlussendlich nur ENERGIE ist, würde dies bedeuten, dass die ZEIT ausschließlich eine begleitende Eigenschaft einer irdisch noch weit verbreiteten **SONDERFORM** der Energie oder, wenn man so einfach sprechen möchte, eine Mengeneinheit dieser SONDERFORM der Energie ist. [4]
Ausschließlich **diese** SONDERFORM der Energie ist daher hier und im Umfang dieses Buches im Moment gemeint.

Ein Gedankenexperiment soll uns dies verdeutlichen:
Angenommen, dass sie einen kleinen, elektrisch angetriebenen, Spielzeughasen auf seinen Weg durch einen abgesteckten Parcours schicken möchten, wäre wohl Ihre erste Tätigkeit, eine neue Batterie in das Spielzeug einzusetzen. Der Hase verfügt somit über eine gewisse Energie. Ist sozusagen gerade ‚neu geboren' worden. Angenommen, dass der Hase auch dann ein gewisses Quäntchen an Energie verbraucht, wenn er sich nicht bewegt und, so zusagen nur, z.B. über den weiteren Weg

---

[4] Die Erklärung, welcher Art diese SONDERFORM der Energie ist, müssen wir derzeit NOCH etwas zurückstellen. Der Verfasser möchte an dieser Stelle zunächst auf den zweiten Band dieser Buchreihe verweisen und bittet den Leser daher noch um etwas Geduld.

‚nachdenkt', verfügt der Hase somit über einen bestimmten Umfang an ‚Lebens-ZEIT' oder auch ‚Lebens-ENERGIE'.
Beginnen wir nun unser kleines Experiment zwischen Start und Ziel und zwei weiteren Zwischenstationen. Noch eine weitere ‚Spielregel' wollen wir einführen; erreicht der Hase die jeweiligen Zwischenstationen in einer bestimmten Zeit, erhält er dafür eine ‚Belohnung' in Form einer kleinen ‚Zusatzbatterie'. Seine ‚Gesamtlebenszeit' würde sich somit dadurch wieder verlängern.
Unser Spielzeughase beginnt jetzt ‚los zu hoppeln'. Er lässt sich durch keinerlei Dinge von seinem Ziel, **die erste Zwischenstation** in der maximal dafür vorgesehenen Zeit zu **erreichen**, ablenken. Er WILL dieses Ziel erreichen. Dazu scheint er FEST ENTSCHLOSSEN zu sein. Weder die leckeren Möhren rechts und links der Strecke noch die hübsche, junge Häsin dort hinten am Waldrand können ihn von seinem Ziel abbringen. Und auch Schilder am Wegesrand, das gleich der ‚böse Wolf' kommen und ihn auffressen würde, sind nicht in der Lage, ihm auch nur in irgendeiner Form Angst einzujagen. Und so erreicht unser kleiner Spielzeughase unbeschadet und innerhalb der Zeit die erste Zwischenstation und erhält seine dafür vorgesehene Belohnung, die kleine ‚Zusatzbatterie' oder einfach gesagt, etwas mehr ENERGIE, oder auch noch einfacher formuliert, etwas mehr Lebens-ZEIT.
‚Nun dies war ja richtig einfach', denkt sich unser Hase. ‚Ich habe das Ziel doch ganz einfach erreicht und sogar noch Lebenszeit dazu bekommen. Das nächste Mal kann ich sicher ein paar von den leckeren Möhren dort am Wegesrand naschen'.

Und so ruht sich unser Spielzeughäschen noch ein wenig aus und TRÄUMT dabei schon von den lecker schmeckenden Möhren, die es bald knabbern MÖCHTE, nicht gewahr werdend, dass ihm auch in dieser Zeit der Untätigkeit, seine Energie durch die Pfoten zu rinnen scheint. Die Zusatzenergie, die es als Belohnung bekommen hatte, ist dabei fast vollständig wieder verbraucht worden.
Als es dies bemerkt, macht es sich eilends auf seinen Weg, den **zweiten Abschnitt** zu meistern. Die Möhren sind bald erreicht, als ihm die junge, hübsche Häsin dort hinten am Waldesrand so verführerisch zuwinkt, dass er nun doch noch seinen direkten Weg verlässt, um ein wenig mit ihr dort herum zu jagen. Nach einiger Zeit kehrt es erschöpft zum eigentlichen Weg zurück. Erschöpft, und auch die ‚LUST' und ‚BEGIERDE' hat sich mit der Zeit erschöpft. Treibt ihn nun nicht mehr so an, dass er sein Ziel für immer aus den Augen verlieren MÖCHTE. Eine Menge Zeit und Energie ist so bereits für ihn verbraucht. An den lecker duftenden Möhren bleibt er jedoch wieder einen Moment stehen und knabbert ein wenig daran. ‚Hm, die sind aber lecker', denkt sich unser Hase ‚ich will diese Möhren HABEN, mehr noch, ich will ALLE diese Möhren dort BESITZEN'. Und so fängt er damit an, eine Möhre nach der anderen aus dem Boden zu ziehen. ‚Das geht aber schwer, aber ich WILL so viele Möhren BESITZEN, wie ich nur tragen kann'. Und so schleppt sich unser GIERIGER Spielzeughase, mit soviel Möhren, wie er nur tragen kann, weiter auf seinem Weg und in Richtung des zweiten Zwischenzieles dahin. Er wird dabei immer schwächer und schwächer und eine Möhre nach der anderen entgleitet seinen Pfoten. Immer weiter und weiter. Er muss ja das Ziel dort vorne

erreichen, um die Zusatz-ENERGIE zu bekommen, da er sich nun schon so verausgabt hat.
An den Warnschildern vor dem bösen Wolf bleibt unser Hase nun doch noch einen Augenblick stehen. ‚Ich habe hier noch nie einen Wolf auch nur aus der Ferne gesehen', denkt sich unser Spielzeughase. ‚Meine Oma, hat mir damals, als ich noch klein war, viele Märchen über den ‚bösen Wolf' erzählt und so weiß ich auch, dass der Wolf damals in den Brunnen gefallen und ertrunken ist. [5] Das sind sicher noch ganz, ganz alte Warnschilder ohne jede Bedeutung'. Just in diesem Moment, taucht ein ganz in schwarz gekleideter Hase direkt vor ihm auf, kaum zu sagen, wo der so plötzlich hergekommen ist. „Fürchte Dich! Du hast allen Grund dazu, denn der ‚böse Wolf' ist hier und er wird genau DICH fressen", raunt er unserem kleinen Häschen zu. Das erschrickt und hoppelt, so schnell wie es ihm der restliche zusätzliche Ballast ermöglicht, davon. Als es sich noch einmal dabei umdreht, ist der schwarze Hase schon wieder verschwunden. So plötzlich verschwunden, wie er erschienen war.

Ohne jede Möhre, ihm ist sein gesamter SCHEINBARER BESITZ wieder entglitten, war nur eine SCHILLERNDE ILLUSION für ihn, erreicht unser Spielzeughäschen nun doch noch, völlig erschöpft, das zweite Zwischenziel.

---

[5] Der Verfasser bezieht sich hier auf das Märchen „Der Wolf und die sieben Geißlein" – Deutsches Volksmärchen, gesammelt und aufgeschrieben von den Gebrüdern Grimm

Es erhält jedoch dieses Mal keine Zusatzenergie und hat auch schon einen Großteil der Energie, die eigentlich für den letzten Teilabschnitt vorgesehen war, im zweiten Abschnitt verbraucht.

„Die Güter der Welt gleiten uns durch die Finger wie der Sand der Dünen.“
Antoine de Saint-Exupéry

Die Güter der Welt gleiten uns durch die Finger wie der Sand der Dünen

Antoine de Saint-Exupéry

Im **dritten** und somit auch letzten **Abschnitt** ist unser Spielzeughase älter und dabei wohl auch reifer geworden. Er macht sich somit auf den Weg, um das in der Ferne nun schon gut zu erkennende Ziel seines ‚Lebens-Parcours' zu erreichen. Durch die Verschwendung seiner Energie im vorhergehenden Abschnitt gereifter, knabbert er dieses Mal nur ein wenig an den so verlockend duftenden und süß schmeckenden Möhren rechts und links am Wegesrand. Er lässt sich jedoch nicht mehr dazu verleiten, Habsucht und Gier zu entfalten. Er hat gelernt, dass ihm dieses nur seine Energie raubt, ihm aber schlussendlich der gesamte scheinbare Besitz wieder aus den Händen geglitten ist. Auch die junge und hübsche Häsin, die dort hinten, weit entfernt am Waldrand, möglicherweise wieder auf ihn zu warten scheint, kann seine Schritte nun nicht mehr von diesem Weg ablenken. Unser Spielzeughäschen verspürt dabei echte REUE darüber, so seine Lebensenergie verschwendet zu haben. REUE über die HABSUCHT, GIER und BEGIERDE. Und so ist es für uns an der Zeit, eine weitere Spielregel für unser Häschen einzuführen; wenn es tief in seinem Inneren echte und wahre Reue verspürt, erhält es ein Quäntchen Zusatz-ENERGIE, also einfach wieder etwas mehr Lebens-ZEIT. Und so hoppelt es jetzt mit neuem Mut weiter, auf seinem Weg, dem in der Ferne schon leuchtenden Ziel-Tor entgegen. Auf seinem Weg tauchen jetzt auch wieder Warnschilder vor dem Wolf auf und auch der SCHWARZE HASE der MANIPULATION ist wieder direkt neben ihm und raunt unserem Häschen wieder die Lügen über den Wolf ins Ohr. Immer und immer wieder. Und so beginnt, unser Häschen an sich selbst und an seiner FESTEN ENTSCHLOSSENHEIT zu zweifeln. ‚Wenn hier überall diese

Schilder stehen und ich immer und immer wieder das Gleiche gesagt bekomme, muss dann vielleicht nicht doch etwas ‚Wahres' daran sein? Könnte sich seine Großmutter mit ihren Märchen vielleicht doch geirrt haben', denkt es sich. Und plötzlich wird es von der ANGST übermannt. Unfähig dazu, auch weiterhin logisch zu denken, kauert es nur noch am Wegesrand. Immer und immer wieder trommelt die gleiche Lüge des schwarzen Hasen auf unseren kleinen Hasen ein.

Und so verrinnt die zusätzliche Lebensenergie des kleinen Hasen. Seine gesamte Lebensenergie wird immer kleiner und kleiner. In einer letzten MUTIGEN Aufwallung schiebt es alle diese Lügen energisch und konsequent zur Seite. Langsam und fast vollständig entkräftet humpelt es auf seinem Weg weiter, dem in der Ferne schon ganz deutlich erkennbaren golden leuchtenden Ziel-TOR entgegen. Seine Lebensenergie verrinnt dabei immer mehr und mehr. RUHIG und geläutert bleibt es am Wegesrand kauern und hält noch einmal Rückschau auf seinen Lebensweg. Bilder seines Lebens gleiten an ihm vorbei. Mit einem letzten sehnsuchtsvollen Blick auf das golden leuchtende Tor vor ihm, rinnt das letzte Quäntchen Lebensenergie durch seine Pfoten.

Dann ist seine Lebens-ENERGIE endgültig erschöpft. Mit dem Verrinnen der letzten Energie verrinnt auch langsam seine Erinnerung an dieses Leben in seinem Bewusstsein...
Sie haben es sicher schon längst erkannt. Unser ‚Gedankenexperiment' mit dem kleinen elektrisch angetriebenen Spielzeughasen ist ein GLEICHNIS.

Ein Gleichnis für einen Menschen, der noch im Dunkel seines Tages lebt und eben noch nicht den MUT gefunden hat, sich auf den Weg zu SEINEM Ziel, der Liebe und dem wahren Licht des kommenden Morgens, aufzumachen.
Ein Gleichnis für einen Menschen, der es bisher noch nicht verstanden hat, seine Augen zu öffnen, um dieses Licht zu erkennen. Für einen Menschen, der sich eben immer noch von all den Ablenkungen und negativen Gefühlen leiten und verleiten lässt. Sich von diesen Dingen und Wesen die unablässig versuchen, ihn von seinem ihm zugedachten Platz im Universum wegzubewegen, verführen lässt.

Folgen Sie mir durch dieses Buch. Ich lade Sie dazu ein!
Ich lade Sie ein, lassen Sie uns GEMEINSAM auf eine Reise gehen. Begleiten Sie den Verfasser auf IHREM Weg zur ‚Liebe und dem wahren Licht in der Dunkelheit dieses Tages‘.
Ich freue mich auf Sie und ich freue mich auf unsere GEMEINSAME Entdeckungsreise.

Zweiter Teil

Die Überwindung der negativen Gefühle

Vom ‚Möchten' und ‚Wollen'

„Wohin Du auch gehst, geh mit Deinem ganzen Herzen."

Konfuzius

Viele Menschen möchten gern dies und das. Der eine möchte ‚reich' sein. Ein anderer wieder ‚berühmt'. Ja, manche möchten von allen so geliebt werden, wie z.B. ein allseits beliebter Kollege oder eine beliebte Kollegin. Ja, viele Menschen finden es heute sogar erstrebenswert, so ‚cool' zu sein, wie ein Internet-‚Sternchen' oder wie ein ‚Sternchen' der sogenannten sozialen Medien. Und so sind sie oft schon dabei, sich selbst als Individuum und als ganz besonderen Menschen, der wir ja alle tatsächlich sind, zu verlieren. Machen sich selbst uniform mit der Botschaft oder dem Aussehen dieses, manchmal sogar sehr zweifelhaften, Idols.

Oft übersehen wir auch dabei, dass derjenige der eben ‚reich' oder ‚berühmt' oder eben auch von allen Kollegen ‚gemocht' wird und allseits beliebt ist, Eigenschaften besitzt, die wir so nicht besitzen. Eigenschaften, die wir vielleicht nicht einmal besitzen wollen. Die wir selbst als nicht erstrebenswert ablehnen und die uns hier, so zusagen durch die Hintertür, wieder präsentiert und untergeschoben werden sollen. Eigenschaften, die wir nicht besitzen wollen, weil uns der Weg dorthin zu schwierig oder einfach nur zu ‚anstrengend' erscheint. Oder, weil wir eben nicht so rücksichtslos oder vielleicht sogar skrupellos sind, wie derjenige, den wir für ‚reich' und ‚clever' zu halten geneigt sind.

Wenn man diesem ‚Möchten' so hinterherläuft, wie es manche Menschen wohl machen, stellt man sich selbst immer mehr in die innere Dunkelheit. Beginnt man, Unzufriedenheit mit seinem Leben und mit seinem Wesen, in sein Herz zu lassen. Unzufriedenheit enthält bereits das Samenkorn des Neides und der Missgunst. Geht dieses Unkraut in deinem Herzen auf, durchwuchert es bald auch deinen Geist und deine Seele.

Einem Krebsgeschwür gleich, durchzieht es dann den gesamten Körper und auch unser Denken und Fühlen. Wir laufen dann nur noch diesen Irrlichtern hinterher. Und so bewegen wir uns dabei immer mehr und mehr, und ohne es selbst wahr zu nehmen, von unserem, für uns vom Universum vorgesehenen Platz und somit von unserem inneren Licht in der Dunkelheit unseres Tages weg. So wird man meist zum Spielball Anderer und zum bedingungslosen Konsumenten anderer Meinungen. Zum unbewussten oder sogar willfährigen Werkzeug der Machenschaften dieser dort, meist im Verborgenen, wirkenden Kräfte. Wird von jenen manipuliert und kann diese Manipulation bald meist nicht einmal mehr selbst wahrnehmen und erkennen. Wir gestatten Anderen, für uns zu denken und sogar für uns zu entscheiden. Haben aufgehört, selbst zu denken und unser Schicksal auf dem Weg zu unserer Bestimmung selbst zu gestalten. ‚Die werden schon wissen, was die machen' oder ‚Das ist mir doch egal' sind zum Beispiel solche häufigen Ausreden für unsere innerliche Bequemlichkeit. Für diese innere Bequemlichkeit, unser Leben eben nicht aktiv und nicht selbst zu gestalten oder gestalten zu wollen. Wer so denkt lässt andere in seinen Kopf und wird von diesen gesteuert und gelenkt. Ist bestenfalls noch Komparse in deren Spiel. Einem Bauern beim Schachspiel gleich, der vom Spieler bedenken- und empathielos geopfert werden kann, wenn es DESSEN Spiel erfordert.

Stellen sie sich doch einmal die Fragen: „Will ich wirklich so werden, wie diejenigen denen meine, meist naive, Bewunderung gilt? Ist der andere, welcher sich als so toll oder so ‚cool' gibt oder auch nur geschickt darzustellen in der Lage ist, wirklich so toll oder ‚cool', wie er vorgibt? Kann es nicht vielleicht eher sein, dass er mir gerade nur eine geschickt inszenierte Illusion vorgaukelt? Besteht sein Einfluss auf mich vielleicht sogar nur darin, dass er meine Wünsche und Ziele erkannt hat und das für mich scheinbar Erstrebenswerte als Fiktion für mich darzustellen versucht?"

Falls sie auch nur eine von diesen Fragen nicht zu vollen einhundert Prozent mit ‚Nein' beantworten können, sollten Sie den Mut haben, sich auf den Weg zu machen. Auf Ihren Weg zur Liebe und zu Ihrem inneren Licht in der Dunkelheit dieses Tages. Beginnen Sie mit dem ersten Schritt auf dem Weg zur Befreiung Ihrer Seele und Ihres Geistes. „Auch die weiteste Reise beginnt immer mit dem ersten Schritt", lehrt uns Laotse. Lernen sie zu ‚Wollen'. Ich will dieses Ziel erreichen, weil es meinem innersten Wunsch entspricht. Weil ich mir in der Tiefe meiner Seele und meines Geistes wünsche, dieses Ziel, und zwar bedingungslos, zu erreichen. Ich will dieses Ziel jedoch NICHT erreichen, weil ich daraus eine persönliche Befriedigung ziehen will. NICHT, um für Andere etwas darzustellen, will ich dieses Ziel erstreben und erreichen. NICHT, weil mich die reine Wissensneugier dorthin treibt. Nein ich will dieses Ziel aus reinstem Herzen und frei von jeglichem Egoismus und dunklen Gedanken heraus erreichen. Und so WERDE ich dieses Ziel erreichen! Aus reinstem Herzen heraus. Es gibt für mich keine andere Option! NICHTS kann mich davon abbringen, auf diesem Weg beharrlich, aber auch voll Umsicht und Achtung vor der Schöpfung des Universums voranzuschreiten. Seien sie entschlossen! Und handeln sie entschlossen! NICHTS und NIEMAND kann sie von diesem Ziel abbringen. Aus dem Altertum wird berichtet, dass bei kriegerischen Auseinandersetzungen sogar die Landungsboote, mit welchen die Truppen an Land gesetzt wurden, hinter ihnen verbrannt wurden. Damit war den eigenen Truppen ein Rückzug nicht mehr möglich. ‚Kämpfen und Siegen oder Untergehen und Sterben‘. Wahrlich nicht allzu viele Optionen für den damaligen Soldaten.

Gehen Sie genau so vor. Verbrennen Sie alle ‚Landungsboote‘ hinter sich. Verbrennen sie alle scheinbar so logischen Einwände, die dagegen zu sprechen scheinen, sich auf den Weg zu machen. Verbrennen sie alle ‚Vielleicht‘s‘ und ‚Aber‘s‘ Ihres bisherigen Denkgefängnisses hinter sich. Dann gibt es für sie nur noch diesen einen Weg. Diesen Weg nach vorn. Zu Ihrem Ziel, das wahre Licht in der Dunkelheit dieses Tages zu erkennen und seine Wärme und Liebe zu spüren. Auch wenn der Weg dahin vielleicht zuerst noch lang und ungewiss erscheinen mag, wird dieser Weg sich ebnen, wenn sie erst damit begonnen haben, ihn tatsächlich und mit ganzem Herzen zu beschreiten

Vom ‚Ballast abwerfen'

Wie unser kleines Spielzeughäschen im Kapitel ‚Von Zeit und Energie', so schleppen auch wir meist viel zu viel ‚Ballast' mit uns herum.
Wir kommen so nur sehr langsam und umständlich voran. Viele Wege in unserem Leben sind und bleiben uns damit einfach versperrt.
Haben Sie schon einmal das glückliche, ja befreiende, Gefühl verspürt, das sich stets dann einstellt, wenn man sein ‚Leben entrümpelt' hat? Wenn man all die vielen Dinge, die wir so im Laufe eines Lebens anhäufen und die auf dem Dachboden ungenutzt und vor Allem für uns UNNÜTZ verstauben, hinter sich gelassen hat?

Dieses glückliche, ja befreiende, Gefühl stellt sich auch ein, wenn wir unser Herz, unsere Seele und unseren Geist ‚entrümpeln'. Werfen Sie allen unnützen Ballast einfach über Bord. Sie werden sehen, wie schnell und beschwingt Sie von nun an Ihren Lebensweg durchschreiten werden. Den Weg, Ihren Weg, zu dem golden leuchtenden Tor mit der Aufschrift ‚ZIEL DEINES LEBENS'.
Beachten Sie jedoch immer, dass wir uns auf diesem Weg NICHT bewegen, NUR um dieses schöne Ziel zu erreichen.

„Der Weg ist das Ziel"
Konfuzius

Der Weg ist das Ziel
Konfuzius

AUF DIESEM WEG ALLEIN REIFEN WIR. Befreien wir uns, unser Denken, unser Fühlen, unsere Seele und unseren Geist von allem unnützen Ballast. Das Glück, diesen Weg bis zu seinem Ende gehen zu dürfen ist eines der unbeschreiblichsten Wunder unseres Lebens. Nicht jedem von uns wird es schon diesmal vergönnt sein, aber auch unser ‚Spielzeughäschen' hat ja auf seinem Weg schon viel gelernt.

Und, wer weiß, vielleicht haben SIE irgendwann wieder einmal eine Batterie in Ihrer Hand und das ‚Häschen' erwacht dann wieder zu einem neuen ‚Erden-Leben'. Auch, wenn sich unser Häschen dann wohl nicht mehr BEWUSST an dieses bereits vergangene Dasein hier erinnern kann, tief in seiner Seele trägt es diese Erinnerungen mit in dieses neue Erden-Dasein hinein...

„Wenn du das Wort Glück begreifen willst, musst du es als Lohn und nicht als Ziel verstehen, denn sonst hat es keine Bedeutung."
Antoine de Saint-Exupéry

Vom ‚Sich selbst lieben'

Liebe Dich selbst. Liebe Dich selbst aus reinster Seele und von ganzem Herzen. Liebe Dich selbst, aber NICHT so, wie die Egoisten und die Menschen voll von Selbstbesessenheit es tun. Du bist NICHT der Mittelpunkt des Universums. Deine Gedanken, Gefühle und Meinungen, ja selbst Deine Überzeugungen sind und bleiben immer NUR Deine Gedanken, Deine Gefühle, Meinungen und auch NUR DEINE Überzeugungen. Wohl schwerlich können sie vor der Weisheit und vor dem wahren Licht im Universum bestehen, wenn sie nicht im Einklang dazu stehen. Bringe Deine Gedanken in Einklang mit dem Universum. Dann werden Deine Gefühle folgen.

„Erreichen wir innere Ausgeglichenheit, haben Himmel und Erde für uns ihren festen Platz, und alle Dinge werden uns lebendig."
Konfuzius

Stelle Dich in den Sturmwind am Meer. Er schüttelt Dich durch und durch. Will Dich dorthin lenken, wohin ER es will. Das kleine Menschlein dort unten am Strand, welches es wagt, sich ihm in den Weg zu stellen. Ihm zu trotzen mit seiner Anmaßung, das Geheimnis des Seins verstanden zu haben und darüber bestimmen zu wollen. Regen peitscht Dir in das Gesicht. Die Wellen stürmen, immer höher und höher werdend, den Strand hinauf. Wenn Du nicht mitgerissen werden willst, musst Du fest stehen und den Strand weiter hinauf schreiten. Sei fest und voller Selbstvertrauen. Liebe Dich selbst. Aber liebe Dich selbst nur so, dass Du diese Liebe jeden Tag, jede Stunde, jeden Atemzug Dir neu und vor allem VOR DIR SELBST verdienen musst. Wer sich SO selbst liebt, hat bereits den ersten Schritt getan, zu seinem IHM vom Universum zugedachten Platz in dieser Welt. Hat seine Mitte tief in sich selbst bereits gefunden und ruht dort tief in sich selbst.

Dieses Buch soll Dir dabei helfen, Deine gerade, und im Moment wohl noch mehr ahnend, gefundene Mitte gegen alle Widrigkeiten und gegen alle dunklen Kräfte, die versuchen werden, Dich von diesem Punkt im Weltall wegzubewegen, zu behaupten. Folge diesem Weg zur allumfassenden Liebe und zum inneren Licht in der Dunkelheit dieses Tages. Lerne, allen diesen Angriffen mit Ruhe und Gelassenheit zu begegnen. Sei dir stets gewiss; dies ist der erste Schritt auf dem Weg zum wahren Glück und zur wahren Freiheit Deiner Seele und Deines Geistes.

„Wer andere erkennt, ist gelehrt.
Wer sich selbst erkennt, ist weise.
Wer andere besiegt, hat Muskelkraft.
Wer sich selbst besiegt, ist stark.
Wer zufrieden ist, ist reich.
Wer seine Mitte nicht verliert,
ist unüberwindlich.“
Konfuzius

Werde unüberwindlich! Haben Sie Ihre Mitte einmal gefunden, dann halten Sie daran fest. Auch dann, wenn der Sturmwind an Ihnen zerrt und rüttelt. Der Erfahrene bleibt an diesem, an seinem, Platz im Universum. Wie ein schweres Pendel, welches selbst im stärksten Sturmwind nur ganz leicht hin und her schwingt. Welches aber immer und immer wieder und scheinbar mühelos zu seinem Ruhepunkt zurückkehrt. So sollen Sie sein. Allen Kräften und Mächten die an Ihnen zerren und ziehen setzen Sie Ihre Ruhe, Ihre Kraft, Ihre Gelassenheit und Ihren Gleichmut aber auch Ihre feste und unerschütterliche Entschlossenheit entgegen.

Sie ruhen in sich und verbleiben dort und in dieser Ruhe. Was auch immer um Sie herum geschieht oder auch nur inszeniert wird, um Sie von Ihrem vorbestimmten Platz im Universum wegzulocken.

„Wer seine Mitte nicht verliert ist unüberwindlich." Konfuzius

Von der ‚Ruhe‘

„In der Ruhe liegt die Kraft“

Deutsches Sprichwort

Viele Menschen heute erscheinen dem unbefangenen Betrachter ruhelos und dabei ohne festen Stand im Universum. Wie ein ,,Fähnchen im Wind‘, winden sie sich mal nach da und mal wieder nach dort, je nachdem, wo der ‚Wind‘ gerade herkommen möchte. Einem Gummiball gleich, der von irgendwelchen, und meist ganz unterschiedlichen Kräften und Launen, in einem Zimmer hin- und hergeworfen wird, prallen sie dabei immer und immer wieder von den Wänden ihres eigenen ‚Denk-Gefängnisses‘ ab und finden so niemals zu ihrem wahren ‚Ich-Selbst‘. Diese Menschen sind und bleiben, sehr oft auch große Strecken ihres Lebens, so Spielball von anderen Menschen oder äußeren Einwirkungen.

Sollten Sie solch ein Verhalten bei sich feststellen können (diese Erkenntnis vor sich und über sich selbst zu erlangen, ist oftmals das Schwerste hierbei), sollten Sie allen ihren Mut zusammen nehmen und dieses GRUNDLEGEND, und zwar von HEUTE an, für sich ändern.

Ab heute gilt nur noch dieses für Sie; Egal, was auch immer um Sie herum geschieht oder vielleicht auch nur scheinbar geschieht; bleiben Sie in der Ruhe!
So verbleiben Sie an IHREM und nur Ihnen ganz speziell zugedachten Punkt im Universum. Dann werden Sie unüberwindlich sein und ewig, während Andere, wie trockene

Blätter im Herbst, vom Sturmwind dahin getragen werden, wohin es dem Wind gerade beliebt. Wie die Blätter im Sturmwind einfach vergehen werden, vergeht auch alles um Sie herum, was sich dem Sturmwind gegenüber nicht gleichmütig genug verhält.

Lernen Sie von der Natur. Der Baum, dessen Äste vom Sturm hin und her geworfen werden, bietet dem Sturmwind eben dadurch auch keinen Angriffspunkt. Geschmeidig weicht er dem Sturmwind aus. Er ist gleichmütig gegenüber diesen wütenden und entfesselten Gewalten und verliert niemals seine Mitte. Ist die Sturmböe jedoch vorbeigeeilt, kehren alle Äste wieder an ihren, für sie vorgesehenen, Platz zurück. Mag der Wind darüber noch so ärgerlich fauchen und heulen. Der Baum verbleibt unbeschädigt dort an seinem Platz.
Lernen Sie von der Natur. Kehren Sie Ihren Sinn und Ihr Denken wieder der Natur zu. Aber NICHT so, wie es Ihnen Andere vorgaukeln wollen. Nehmen Sie sich Zeit. Wählen Sie dazu einen Tag, an dem Sie keinerlei Termine und Verpflichtungen mehr haben. Schalten Sie ihr Mobiltelefon aus und gönnen Sie ihm eine Pause von Ihnen. Am besten in einer Schublade. Machen Sie sich auf den Weg. Gehen Sie in aller Ruhe und Gelassenheit in einen Wald in Ihrer unmittelbaren Umgebung. Wenn Sie dorthin mit dem Auto fahren möchten, dann fahren Sie völlig entspannt und in Ihrer Mitte dorthin. Niemand und nichts sind in der Lage, Sie aus Ihrer Ruhe und aus Ihrem Gleichmut zu bringen.
Es ist völlig unerheblich, ob die Ampel dort vorne nun doch noch auf Rot schaltet oder ob Sie an einem Bahnübergang warten

müssen. Sie haben alle Zeit dieser Welt. Niemand treibt Sie an, wenn Sie es selbst nicht tun. Dem Wald ist es egal, ob Sie dort fünf Minuten früher oder zehn Minuten später ankommen werden. Seien Sie achtsam. Steigen Sie aus dem Fahrzeug und nehmen Sie sich Zeit, die Natur in aller Ruhe und Gelassenheit zu betrachten. Sie haben heute kein Ziel. Der Weg durch diesen Wald und der Wald selbst, seine Ruhe und seine wohltuende und mildtätige Energie sind heute Ihr Ziel. Lassen Sie die Ruhe auf sich wirken. Atmen Sie die Gerüche des Waldes BEWUSST ein. Achten Sie auf die unzähligen kleinen Dinge dort am Waldboden. Der Käfer, der dort vorbeihuscht, oder der Ameisenhaufen dort in der Sonne. Hören Sie auf den Gesang der Vögel. Alles Dinge, die Sie vielleicht bisher so noch nicht beachtet haben, weil Sie bisher immer auf dem Weg zu einem Ziel, zum Beispiel einer Ausflugsgaststätte, und dabei in ein Gespräch mit einem anderen Menschen vertieft waren.

„Wer redet, kann nicht der Stille lauschen“
Indianisches Sprichwort

Lernen Sie wieder achtsam zu sein. Dies ist der erste Schritt, auf Ihrem Weg, wieder eins mit der Natur, dem Universum und der Schöpfung um uns herum zu werden.

Wenn Sie Ihren ersten Schritt, wieder mit der Natur Eins zu werden, gewagt haben, ist es jetzt an Ihnen, dieses Erlebnis zu IHREM inneren Wendepunkt in IHREM Leben zu machen.

Bleiben Sie noch einen Moment in Ihrem Auto und mit weit geöffneten Scheiben dort im Wald sitzen. Lassen Sie diese vielen positiven Eindrücke und die von Ihnen aufgenommene Energie des Waldes in Ihnen nachklingen.
Wenn Sie bereit dazu sind, richten Sie jetzt Ihre Gedanken auf eine Ihnen Freude bereitende Tätigkeit in Ihrem zu Hause. Freuen Sie sich zum Beispiel auf eine schöne Tasse Tee oder einen aromatisch duftenden Kaffee an einem Ihrer Lieblingsplätze.

Fahren Sie jetzt in der gleichen Ruhe und Gelassenheit diesen Weg wieder zurück. Ihren Weg nach Hause. Nichts kann Sie dabei aus Ihrer Ruhe und Gelassenheit herausbewegen. Die uns vom Wald so großzügig und völlig selbstlos überlassene positive Energie spüren wir mitten in uns. Sie gibt uns ein Gefühl der Geborgenheit und der wiederentdeckten Verbundenheit mit Mutter Natur.

Zu Hause genießen Sie die Tasse Tee oder die Tasse Kaffee, auf die wir uns gefreut haben und die den Abschluss dieses für uns so wundervollen ERSTEN Tages auf unserem Weg zu uns, zur Liebe und zu dem wahren Licht in der Dunkelheit dieses Tages sein wird.

Lassen Sie diesen Tag ruhig ausklingen und gehen Sie entspannt zu Bett. Genießen Sie die wohltätige Ruhe und Gelassenheit und die so wohltuende Energie, die uns der Wald so großmütig geschenkt hat.

Bei einem solchen Spaziergang im Wald können wir die göttliche Natur mit dem Geiste berühren. Dies ist somit einer der Plätze, an denen wir dem Himmel ganz nah sind.

Vom ‚Egoismus' und der ‚Selbstbesessenheit'

Sich selbst zu lieben, ohne sich selbst jederzeit, immer und immer wieder auch selbst zu hinterfragen ist der Beginn der Dunkelheit in deinem Inneren. Stelle Dich in Gedanken neben Dich. Betrachte Dich selbst. Betrachte Dein Wirken und Reden und Handeln, wie das eines für Dich völlig Fremden. Erkenne den Schatten auf Deinem Geist und Deiner Seele. Erkenne das in deinem Herzen wuchernde Unkraut des Egoismus und der Selbstbesessenheit. Sei mutig und reiße es aus deinem Herzen. Jäte es mit Stumpf und Stiel und für alle Zeiten aus deiner Seele und deinem Geist.

Sei frei von diesen dunklen Gedanken und Gefühlen. Erkenne den Griff der Dunkelheit um deine Seele und deinen Geist. Dieses Gefühl in deiner Brust, einem umklammernden, ja ehernen, Griff gleich. Diese Umklammerung der negativen Kräfte um deine Seele, welche uns eine Illusion von Wohlbehagen und Wollust vorgaukelt, uns jedoch in Wahrheit nur unsere Energie rauben will. Eine Umklammerung, welche nur dazu dient, uns von unserem vorbestimmten Platz im Universum, dem EINZIGEN Platz im Universum, an dem wir die Hand zum Himmel ausstrecken können, wegzubewegen. Der Egoismus ist eine dieser dunklen Kräfte, die an uns zerren, um uns von unserem einmal gefassten und für uns vorbestimmten Platz und Ziel zu entfernen.

Mache Dich frei vom Egoismus und der Selbstbesessenheit. Reiße diese negativen Gefühle für immer und mitsamt der

Wurzel aus Deinem Herzen. Wenn dies für Dich auch schmerzlich erscheint, ist es jedoch der EINZIGE Weg zur Befreiung Deiner Seele und Deines Geistes vom Würgegriff und dem Einfluss des Bösen. Auch negative, ja selbst Deinen Geist und Deine Seele zerstörende, Gefühle führen zu einer gewissen Gewöhnung und Sucht danach. So wie der Alkoholiker, aber auch der Junkie, nach immer höheren Dosen seiner betäubenden Mittel giert, so giert auch der Egoist oder der Selbstbesessene nach immer höheren Dosen seiner ‚Droge'. Nur so kann er immer und immer wieder seinen ‚Kick' aufs Neue bekommen. Wie beim anerkannten Süchtigen werden ihm seine Umgebung und seine Mitmenschen, ja selbst seine Familie und seine nächsten Verwandten, dabei immer unwichtiger und unwichtiger. Geraten aus seinem Fokus und Blickfeld, in das immer mehr nur das eigene Ego tritt und alles andere von dort verdrängt. So wie ein Kuckuckskind, welches alle seine ‚Geschwister' aus dem für ihn unrechtmäßigen Nest wirft, ist dieses Ego auch in dem davon besessenen Menschen am Werken. Alle ererbten und erlernten moralischen Werte verkommen dabei immer mehr und mehr. Nur der eigene Vorteil scheint noch für den Egoisten der Gradmesser aller seiner Dinge zu sein. Ja mehr noch, der Egoist ist ab einem bestimmten Zeitpunkt sogar felsenfest der Meinung, all diese Dinge, die er sich gegen jedes Recht und gegen jede geltende Moral zugeeignet hat, würden ihm sogar zustehen. Ihm auf Grund seiner besonderen, aber meist nur in seinem kranken Denken vorhandenen, Fähigkeiten angemessener Lohn sein.

Ist diese Stufe erst erreicht, hat sich der Egoismus in seine dunkelste Form gewandelt – die Selbstbesessenheit, aus der es meist kein Entrinnen mehr, zumindest nach irdischen Begriffen, gibt.
Dann haben die dunklen Kräfte (vielleicht auch nur vorübergehend) Macht über Dich gewonnen und Du bist so zum Spielball ihrer Launen und Pläne geworden.

Hüte Dich vor den Erscheinungen des Egoismus und der Selbstbesessenheit. Lerne jeden Tag aufs Neue, diesen dunklen Gefühlen keinen Raum in Deinem Denken und Fühlen zu geben. Dann wirst Du Deinen Weg zur Liebe und zum wahren Licht im Dunkel dieses Tages niemals wieder verlieren.

Von der ‚Wut‘ und dem ‚Hass‘

„Nicht der Andere ist Dein Gegner, sondern die Wut und der Hass in ihm.“

Fernöstlich

Die Wut und in ihrer Steigerung der Hass sind beides ‚blinde‘ Gefühle.

Derjenige, der ihnen erlegen ist, hat die Fähigkeit, zumindest vorübergehend, verloren, logisch und konstruktiv zu denken und emphatisch seiner Umwelt gegenüber zu sein. Die Wut und der Hass sind beides ausschließliche Gefühle der ‚Aggressionsgruppe‘. Sie besitzen somit ein hohes Aktionspotential und sind, im Gegensatz zur Angst, welche die passive Seite dieser Gruppe darstellt, deren aktive Seite. Gleichzeitig sind sie meist auch selbstzerstörerische Gefühle aus zwei Ebenen heraus. Die offensichtliche Ebene dabei ist, das jede aggressive Aktion auch immer das Potential der Selbstverletzung des Angreifers in sich trägt. Die zweite Ebene ist meist nicht so offensichtlich. Der vom Wütenden oder Hassenden Angegriffene hat im Falle des aggressiven Angriffes nur zwei Optionen, die Flucht oder die Verteidigung (siehe auch Kapitel ‚Von der Angst‘).

Die Aggression kann entweder zur Flucht des Bedrohten oder aber auch zur Gegenreaktion, in diesem Fall zum Gegenangriff, führen. Da die Gegenreaktion aus einem Zustand der minimalen Information heraus erfolgt, [6] kann der Aggressor in der Regel

---

[6] Das Problem der ‚minimalen Information‘ bedeutet in diesem Fall, dass der Bedrohte aus der Situation heraus kaum über die wirklichen Absichten und Hintergründe des Angreifers umfassend informiert ist. Aus der

kaum mit der Flucht des Bedrohten rechnen. Da Wut und Hass nicht nur das Denken vernebeln, sondern auch, ganz einfach gesprochen, die Reaktionszeiten verlängern, ist von einem ‚Zurückschlagen' der Aggression auf den Angreifer auszugehen. Die Aggression führt somit so zusagen zur verdienten und angemessenen Selbstzerstörung des Angreifers. Aus dem asiatischen Kampfsport heraus ist bekannt, dass bei gleich starken Gegnern stets der den Sieg davonträgt, welcher sich frei von ALLEN Gefühlen machen kann. Dies ist jedoch in diesem Fall stets der Angegriffene, da bei ihm auf Grund des schlagartigen Adrenalinausstoßes unser ureigenes Selbsterhaltungsprogramm aktiviert wird und ALLE weiteren Gedanken ausgeblendet sind.

Die Aggression der ‚Wut' und des ‚Hasses' kann sich auch auf VERBALER Ebene manifestieren.

Lasse die Gefühle der Wut und des Hasses nicht in dein Denken, dein Fühlen und in dein Herz. Hinterfrage Dich stets. Hinterfrage: ‚WAS GENAU macht mich so wütend auf dieses Wesen, diese Person dort'. Überführe deine Gedanken von der Gefühlsebene auf die SACHEBENE. NICHT die Person dort ist es, die mich wütend macht, sondern eine Eigenschaft oder eine Handlung dieser Person dort ist es. WELCHE GENAU? Wenn du erkannt hast, welcher FAKT Dich in deiner Wut anzutreiben

---

Überlebensstrategie unserer Evolutionsgeschichte heraus, geht der Angegriffene somit vom maximal möglichen Aggressionspotential aus. Die Mittel der Abwehr entsprechen somit dieser Annahme. Der Angreifer muss somit mit der maximal möglichen Abwehrreaktion des Angegriffenen rechnen.

scheint, stelle dir die Fragen: ‚WARUM macht mich diese Eigenschaft oder diese Handlung so wütend? Bin ich frei von dieser Eigenschaft? Habe ich noch niemals so oder so ähnlich in anderen Situationen in MEINER Vergangenheit gehandelt‘? Stehe ich wirklich so weit ÜBER dieser Person dort, dass ich diese Eigenschaft oder diese Handlung so verwerflich empfinde, dass ich ein, zumindest moralisches, Recht auf eine Wertung daraus ableiten kann‘?

„Wer von Euch ohne Sünde ist, werfe den ersten Stein.“
Die Bibel – Johannes 8,7

Beachte jedoch auch, dass die notwendige Überwindung der negativen Gefühle ‚Wut‘, und ‚Hass‘ und als Gegenpol dazu ‚Angst‘ Dir niemals die mögliche Antwort, dann jedoch völlig frei von diesen negativen Gefühlen, auf solche Angriffe verwehrt, da diese ein Ausdruck Deines freien Willens ist.

„Lass den Zorn, die stürmische Erregung
Alles Ungestüm hat keine Dauer.
Keine Stunde währt ein Hagelschauer,
keinen Tag des Wirbelwinds Bewegung.
Rasch verglüht des Blitzes Feuerklinge,
und dies sind des Himmels große Mächte.
Stille ziemt dem kleinen Geschlechte.
Und selber ordnen sich die Dinge."
Laotse

Von ‚Lüge' und ‚Betrug'

***„Schenke nicht Glauben den Worten,
ohne sie geprüft zu haben, und nimm erst Partei,
nachdem du wohl überlegt hast."
Konfuzius***

Durch den Einsatz von Lüge und Betrug wollen sich manche Wesen, manche Menschen, einen egoistisch oder gruppen-egoistisch motivierten Vorteil gegenüber anderen Personen oder Gruppen von Menschen verschaffen. Die Lüge oder der Betrug erfolgen in allen diesen Fällen VORSÄTZLICH und BEWUSST. Das in den meisten Fällen durch die bisherige Entwicklung anfangs dabei noch vorhandene UNRECHTSBEWUSSTSEIN weicht immer mehr und mehr dem alles beherrschendem Ego des Einzelnen oder dem Gruppen-Egoismus, wie dies bereits im Kapitel: ‚Vom Egoismus und der Selbstbesessenheit' herausgearbeitet wurde.

Meist wird dieses kranke Denken sogar aus der festen Vorstellung oder sogar festen Überzeugung desjenigen oder derjenigen heraus, dass diese Welt die Einzige, dieses Leben das Einzige, für diejenigen wäre, vor sich und der Umwelt gerechtfertigt. Meist sind diejenigen sogar fest davon überzeugt und so haben sie sich ihren weiteren Weg hiermit bereits selbst gewählt. Den Weg, Gefangene dieser Welt für, zumindest aus menschlicher Sicht, einen sehr, sehr langen Zeitraum zu sein und auch zu bleiben.

Die Lüge und der Betrug werden, wenn diese über einen längeren Zeitraum keine wirklichen und ‚schmerzhaften' Konsequenzen für den Lügner oder Betrüger nach sich ziehen, so alltäglich, dass derjenige oder diejenigen ein, jedoch nur in ihrem kranken Denken verwurzeltes, Recht auf diese unrechtmäßig verschafften Dinge für sich selbst unterstellen. Lüge und Betrug sind jedoch viel weiter verbreitet, als man gemeinhin vermuten würde oder annimmt.

Darunter zählt bereits schon derjenige, der:

- Sich selbst an kleinen Dingen bereichert, zum Beispiel einen Fehler der Bedienung oder der Kassiererin ausnutzt, um sich damit zu bereichern
- Aus dem hinterem Teil einer Warteschlange im Supermarkt, vorbei an den vor ihm Wartenden, an die neu eröffnete Kasse sprintet
- Eine ‚Schlange' von Fahrzeugen aus den hinteren Positionen heraus, meist in einem für alle riskanten ‚Überholmanöver', zu überrunden versucht
- Eine Zwecklüge ausspricht
- Vorsätzlich Tatsachen verdreht
- Die Wahrheit, durch geschicktes und vorsätzliches Verschweigen einzelner Aspekte der Wahrheit, verfälscht
- Aussagen in falschen Zusammenhang setzt
- Gutgemeinte Zitate aus dem Zusammenhang reißt und so in ihr Gegenteil verkehrt

und dergleichen mehr. Diese Liste ließe und lässt sich noch (fast) beliebig fortsetzen.

Bedenken sie, dass alles dieses, ja sogar schon eine, nicht durch Gefahr an Leib und Leben für sich oder andere gerechtfertigte, Notlüge einen nicht unerheblichen Teil ihrer dringend benötigten Lebensenergie verschlingen wird.

Hüten sie sich aber auch immer davor, eine Annahme, ein Halbwissen oder einfach nur ihre Meinung oder ihre Überzeugung als WAHRHEIT vor sich und der Welt auszubreiten. Damit haben sie bereits, zumindest für einen sehr langen Zeitraum, den Weg zur Liebe und zum wahren Licht im Dunkel dieses Tages verlassen und verloren. Sind bereits aus dem Licht getreten und von der Dunkelheit gefangen genommen worden.

"Meinen liegt nicht weit von lügen."
Deutsches Sprichwort

‚FAD - Fast and dirty‘
oder ‚Von der scheinbaren Lösung eines Problems, ohne das Problem auch nur ansatzweise verstanden zu haben‘

„If I were given an hour in which to do a problem solving my life depended, I would spend 40 minutes studying it, 15 minutes reviewing it and 5 minutes solving it.“
Albert Einstein

Frei übersetzt: „Wenn ich eine Stunde Zeit hätte, um ein Problem zu lösen, von dem mein Leben abhängt, würde ich 40 Minuten dazu verwenden, es zu studieren, 15 Minuten dazu meine Ergebnisse zu überprüfen und [die letzten] 5 Minuten dazu, das Problem zu lösen.“ Albert Einstein

Wem ist dies nicht schon einmal während seines Arbeitslebens begegnet. Alle Mitarbeiter einer Abteilung wurden zu einem ‚Meeting‘ gerufen und sind bereits pünktlich im entsprechenden Konferenzraum versammelt. Der Vorgesetzte kommt, wie fast schon üblich, wieder einmal mit fünf Minuten Verspätung dazu. Diesmal sogar flankiert von einer ‚Mitarbeiterin der Geschäftsleitung‘.
Der ‚hereinrauschende‘ Vorgesetzte startet dann oft unvermittelt mit den Worten: „...so meine Damen und Herren, das Thema ist ja hinlänglich bekannt, was schlagen sie vor?“ Meist hat dieser Typ Vorgesetzter ohnehin schon eine, aus seiner Sicht, ‚unschlagbare‘ Lösung parat und als einzig mögliche

Lösung favorisiert. Die scheinbare Beteiligung der Versammelten an der schon von ihm im Voraus gefällten Entscheidung ist somit nur noch eine Farce. Manchmal sogar nicht einmal mehr, als eine schlechte Theaterinszenierung. Der Vorgesetzte will sich einfach nur noch der, möglicherweise erzwungenen, ‚Loyalität' möglichst vieler seiner Mitarbeiter versichern.

Das ‚Ergebnis' dieser ‚Besprechung' entspricht dann meist auch dem getriebenen Aufwand zur Analyse, Überprüfung der Schlussfolgerungen und den daraus abgeleiteten Lösungen des Problems.
Es tendiert stark gegen Null.
Es geht bestenfalls mehr oder weniger am Ziel vorbei und richtet wenigstens keinen weiteren und zusätzlichen Schaden an. Meistens handelt es sich jedoch um eine ‚FAD'-Lösung. ‚FAD', wohl aus dem angelsächsischen Sprachraum entlehnt, meint einfach übersetzt eine ‚Schnelle, aber schmutzige [und scheinbare] Lösung' des Problems. ‚Fast and dirty' – ‚Schnell und schmutzig' setzt diesem freundlichen Übersetzungsversuch sogar noch etwas oben auf. Es handelt sich dann wohl sogar um eine ‚Scheinlösung', die ‚Schnell **und** schmutzig' ist. Das bedeutet, kurz und knapp auf den Punkt gebracht, dass es dem Durchsetzer einer solchen ‚Lösung' absolut bewusst ist, dass es sich nur um eine scheinbare Lösung handelt. Eine scheinbare Lösung die im weiteren zeitlichen Verlauf, das Problem nur noch verschärfen wird. Dies könnte man, einiges Wohlwollen vorausgesetzt, wohl durchaus als vorsätzliche Handlung bezeichnen. ;-)

Nachdem wir das Problem eines solchen Vorgehens erkannt haben, wollen wir an Hand des obenstehenden Zitates von Albert Einstein versuchen, uns einer tatsächlichen und nachhaltigen Lösungsstrategie zu nähern.
Aus obigem Zitat, welches ja ein Spiegel des logischen und analytischen Denkens ist, dürfte uns klar geworden sein, wie essentiell wichtig es ist, das vorhandene Problem vollumfänglich und möglichst aus vielen Blickwinkel heraus, zu betrachten und zu verstehen.

Eine in der Praxis mit einfachen Mitteln und vor allem mit einem geringen persönlichen Zeitaufwand umsetzbare Methode ist die des ‚BRAINSTORMING'. [7] In der Praxis gestaltet sich diese Methode wesentlich einfacher, als dies vielleicht beim Studium der untenstehenden Schrittfolge erscheinen mag, da sich der Aufwand immer abwechselnd auf die einzelnen Akteure verlagert.
Unter ‚Brainstorming' wird heute allgemein eine Lösungsstrategie verstanden, welche in etwa nachfolgendem Ablauf folgt:

1. Bildung eines ‚Initialteams' also einer ‚Startgruppe' von Menschen, die möglicherweise von den Auswirkungen des Problems betroffen sein werden

---

[7] ‚BRAINSTORMING' – wörtlich vielleicht mit ‚Gehirnsturm' übersetzt, meint im Grundsatz das wertungsfreie Sammeln von (meist spontanen) Ideen und Lösungsansätzen zu einem Thema oder Problem

2. Das Initialteam lädt Vertreter ALLER Menschengruppen ein, die nach Auffassung auch nur EINES Mitarbeiters dieser ‚Startgruppe' zur Analyse und idealerweise auch zur Problemlösung beitragen können
3. Die Problemstellung wird, so umfassend wie nur irgend möglich, im VORFELD an ALLE (meist in Schriftform) kommuniziert
4. Während der eigentlichen <u>ersten</u> Versammlung werden ALLE Sichtweisen und Blickwinkel des Problems OHNE JEGLICHE WERTUNG notiert. Damit ist auch schon diese erste Zusammenkunft beendet.
5. Das, um Freiwillige erweiterte, Initialteam stellt, unter Verwendung ALLER genannten Punkte, daraus eine umfassende Beschreibung des Problems zusammen. Hierbei kann JEDER, der sich von dem Problem betroffen fühlt, mitarbeiten. Je mehr Sichtweisen und Blickwinkel desto umfassender wird das eigentliche Problem erfasst, und umso zielführender, weil problemlösend, wird das Ergebnis sein.
6. In einer <u>zweiten</u> Versammlung wird dieses Ergebnis der Problemanalyse ALLEN vorgestellt. Der zeitliche Abstand zwischen beiden Versammlung hat bei jedem Teilnehmer ein ‚Reifen' seiner Gedanken und Ideen bewirkt. Aus diesem Zustand heraus wird diese Problemerfassung diskutiert und, wenn notwendig, präzisiert.
7. Ab diesem Zeitpunkt darf man im Allgemeinen von einer hinreichenden Erfassung des vollumfänglichen Problems ausgehen.

8. Im eigentlichen ‚Brainstorming' werden jetzt, wieder frei von jeder Wertung, ALLE Vorschläge zur Problemlösung notiert.
9. Nach einer kurzen Pause, welche einfach nur zur sprachlichen Überarbeitung der eingegangenen Vorschläge dient, werden diese Vorschläge der Reihe nach verlesen, oder besser, weil meist effektiver, in Schriftform an alle übergeben. Jeder der Anwesenden vergibt, entsprechend der Anzahl dieser Vorschläge, Punkte. Beispiel: bei zehn Vorschlägen bekommt der aus Sicht der jeweiligen Person beste Vorschlag zehn Punkte, der Zweitplatzierte neun und der Letztplatzierte einen Punkt.
10. Die drei bestplatzierten Vorschläge werden anschließend von allen Anwesenden diskutiert und im Ergebnis der bestmögliche Vorschlag ausgewählt.

Diese sehr erfolgversprechende Vorgehensweise kann in ALLEN Bereichen des privaten, kommunalen und gesellschaftlichen Lebens und selbstverständlich auch in der Arbeitswelt Anwendung finden.

Seien sie kreativ und mutig, denn alles Neue hat nun einmal die Eigenschaft, dass es eben ‚Neu' ist und nicht dem eingetretenen Pfad des Bisherigen folgt. Man muss eben die eingetretenen Pfade des Bisherigen verlassen, um auf der neuentstandenen (Denk-)Autobahn besser und schneller vorankommen zu können. ;-)

Von ‚Wünschen' und ‚Begierden'

„Wie kann der Sklave seiner Begierden einen starken Charakter haben?"

Konfuzius

Unsere ‚Wünsche' sind zuerst einmal, meist verbal geäußerte, Vorstellungen mit dem Ziel, irgendeine Änderung, ein Ding oder eine Sache zu BEKOMMEN. Und dort liegt auch schon der ‚Pferdefuß' vom ‚Wünschen' und der Grund, warum ‚Wünschen' hier im zweiten Teil dieses Buches angesiedelt werden muss. Eine Änderung oder auch Veränderung herbei zu wünschen ist im Grunde erst einmal durchaus im positiven Sinne unserer Entwicklung auf dem Weg zur Liebe und zum wahren Licht im Dunkel dieses Tages zu werten. Derjenige hat sich zumindest schon einmal mit dem realen oder auch nur scheinbaren Problem, wenn meist auch nicht allzu tief schürfend, beschäftigt und ‚wünscht' sich eine Veränderung im Sinne einer Änderung zum ‚Guten'. Leider bleiben die Wünsche an sich dann meist unkonkret oder werden oft schon vom ‚Wünschenden' selbst im Bereich des Unwahrscheinlichen, ja Unerreichbaren, eingeordnet. Beispiele zu Formulierungen dieser Art sind so ‚...es wäre schön, wenn...' oder ‚...ich möchte schon, dass alles besser wird...'.

So eigenartig, wie dies auch klingen mag, aber damit ‚kann das Universum leider nicht allzu viel anfangen'. Um unseren frei geäußerten, unseren freien Willen, zu formulieren bedarf es stets klarer Aussagen (siehe auch das Kapitel ‚Von der Angst und dem Wörtchen Nicht'). Wir müssen, in diesem Fall die Veränderung mit GANZEM Wesen ‚herbei-WOLLEN', um die heilenden und helfenden Energien zu aktivieren. Es muss die EINZIGE Option unseres gesamten Wesens und Wirkens werden. Dies ist mit einem ‚Wünschen' in dieser Form in der Regel leider nicht zu erreichen. Wenn ich eine Veränderung WILL, dann muss ich diese mit jeder Faser meines GESAMTEN Wesens, aus meinem Selbstvertrauen und aus meiner unerschütterlichen Überzeugung heraus und im Lichte der Wahrheit aktiv ausführen (siehe auch die betreffenden Kapitel im dritten Teil dieses Buches).

Wünsche, um ein Ding oder eine Sache zu bekommen, von denen man denkt, dass diese nicht aus eigener Kraft zu erreichen sind, können sowohl positiv als auch negativ auf den ‚Wünschenden' zurückwirken. Im **positiven Sinne**, wenn der Wünschende soviel dazu beiträgt, wie ihm aus eigener Kraft und bei Anstrengung ALLER seiner eigenen Kräfte, objektiv betrachtet, irgend möglich ist und dies vom Gebenden auch mit Nachdruck eingefordert wird. So zum Beispiel der Jugendliche, der sich ein Motorrad wünscht und dafür dem Gebenden (Mutter, Vater) bei der Gartenarbeit oder dem Bau eines Gewächshauses, über einen längeren Zeitraum hinaus, helfen muss. Die Konsequenz, mit der dieser mögliche Anteil des ‚Wünschenden' eingefordert wird, entscheidet maßgeblich über die spätere Wertschätzung der gewünschten Sache, in diesem Beispiel des Motorrades.
Von einer **negativen Wirkung** ist in der Regel immer dann auszugehen, wenn vom ‚Wünschenden' keine angemessene Beteiligung erforderlich ist oder diese nicht konsequent genug eingefordert wird. Dann besitzt der so Bedachte wenig oder gar

keine Wertschätzung dieser Sache oder diesem Ding gegenüber. Meist wird dann damit achtlos umgegangen, weil die Illusion erzeugt wurde, dass es ja so einfach war, diesen Wunsch zu erfüllen. ‚Ich kann mir ja jederzeit einen Ersatz dieser achtlos ‚dahingerafften' Sache, neu erwünschen'.
Mit so einer Illusion tut man niemandem, schon gar keinem heranwachsenden Jugendlichen, einen Gefallen. Derjenige wird später in seinem Leben diese falsch gestellten ‚Weichen' mit sehr viel eigenem Aufwand, Arbeit und Schweiß wieder mühevoll korrigieren müssen, wenn ‚Mutti' oder ‚Vati' eben nicht mehr in der gewohnten Art, alle Schwierigkeiten aus dem Weg räumen können. **Die Steigerung von ‚Wünschen' im negativen Sinne sind die ‚Begierden'**. In dem Wort ‚Be**gier**den' hat sich schon der Begriff **‚GIER'** eingeschlichen. Und so wirken unsere ‚Begierden' leider auch in unserem Leben. Sie verändern und steuern unser Verhalten, unser Denken und unser Fühlen. Alles wird gezwungen, sich diesen Begierden unterzuordnen (siehe auch Kapitel ‚Von Habsucht und Gier' und ‚Von der Wut und dem Hass').

Der Betroffene wird zum „Sklave(n) seiner Begierden".
Konfuzius

Er hat damit aufgehört, selbständig und empathisch zu denken. Nur die Befriedigung seiner Begierden ist noch sein alleinig antreibendes Element. Auswirkungen auf seine Umgebung und auch seine Familie sind fast vollständig aus seinem Fokus verschwunden. So ist es z.B. dem Spielsüchtigen ab einem bestimmten Grad seiner Begierden nahezu gleichgültig, wie sich seine Familie jemals wieder aus diesen Spielschulden befreien kann.

Ein weiteres, nicht unbedingt neues, aber doch sehr oft auftretendes Phänomen ist die ‚Kaufsucht', auch als ‚Kauf-Gier' bezeichnet. Eine Begierde die den Betroffenen dazu führt, sinnlose Käufe, hier meist nur um des Kaufens selbst, zu tätigen. Dies erfolgt heute meist relativ unpersönlich online oder per Telefon. Die gelieferten Sachen und Dinge werden sehr oft nicht einmal ausgepackt, da diese ja absolut sinnlos erworben wurden. Das Auspacken dieser Käufe, würde den von seiner ‚Kauf-Gier' Getriebenen nur objektiv mit seinem eigenen Problem konfrontieren, was vom Betroffenen aus seiner Charakterschwäche heraus, als ‚unangenehm' gemieden wird. Solche Menschen würden wir meist umgangssprachlich als ‚schwache Charaktere' bezeichnen, wobei diese paradoxerweise meist sehr dominant auf ihre Umgebung und die sie umgebenden Menschen einwirken.

Der manchmal hierfür verwendete Begriff ‚Kaufrausch' charakterisiert dagegen nur einen kurz anhaltenden Kontrollverlust über das Kaufverhalten desjenigen und zieht daher meist nicht diese weitreichenden und einschneidenden Folgen nach sich. Am Ende eines ‚Kaufrausches' steht meist die ‚Reue' über den Kauf oder auch die ‚Rechenschaftspflicht' einem Dritten gegenüber. Dies macht den durchlebten ‚Kaufrausch' meist zu einem extrem negativ besetzten Gefühl. Der ‚Wiederholungswunsch' bleibt somit sehr schwach.

„Bei allen Begierden muss man sich fragen: Was geschieht, wenn mein Begehren befriedigt ist, und was, wenn es nicht befriedigt wird?“
Epikur

Von ‚Habsucht‘ und ‚Gier‘

„Vor drei Dingen soll der edle Mensch sich hüten. Solange er noch jung ist und seine Kräfte noch nicht gefestigt sind, hüte er sich vor der Liebeslust. Wenn er in voller Mannesblüte steht und seine Kräfte ausgereift sind, hüte er sich vor der Streitsucht. Ist er alt geworden und verlassen ihn seine Kräfte, so hüte er sich vor Habsucht.“

Konfuzius

Die Habsucht ist tatsächlich und sogar in der wahren Bedeutung dieses Wortes selbst eine SUCHT. Eine Sucht, Dinge, Sachen oder Gegenstände besitzen zu wollen. Besitzen zu wollen oder, einfach ausgedrückt, ‚Haben‘ zu wollen.

In der meist noch als relativ harmlos anzusehenden Vorstufe, der Sammelleidenschaft, geht es der jeweiligen Person noch in erster Linie darum Dinge, Sachen oder Gegenstände in seinen unmittelbaren und persönlichen Besitz zu bringen. Der Grad und die Art der dabei antreibenden Kraft bedingt dann auch die Methoden der ‚Beschaffung‘ dieser Dinge, Sachen und Gegenstände. Solange der Sammelnde die dafür erforderlichen, scheinbar meist nur finanziellen, Aufwendungen aus eigenen Mitteln und eigener **ENERGIE** aufbringen kann, ist er auch in der Lage, diese Sammelleidenschaft im positiven Bereich zu halten und sein Vergnügen und seine Freude daraus zu ziehen. Man sollte sich jedoch immer darüber völlig im Klaren sein, dass man einen gewissen Teil seines Fokus, seiner Ziele und der uns in diesem Lebensabschnitt zur Verfügung stehende Zeit (= Energie)

auf diesen Vorgang, eben des ‚Sammelns' und daraus ‚seine Freude zu ziehen' verwendet. Aus dem Abschnitt **Von ‚Zeit' und ‚Energie'** wissen wir bereits, dass uns für einen gewissen Zeitabschnitt unseres Lebens, in der Regel sind dies jeweils sieben Jahre, auch nur eine gewisse ‚Energie' zur Verfügung steht.
In dem, für uns vom Universum vorgesehenen Entwicklungsweg, sind jedoch auch klare Ziele für unsere Entwicklung während dieses Zeitraumes gesteckt. Verwendet man jetzt ein Zuviel dieser Energie für andere Ziele, wird man das **große Ziel** nicht, oder eben auch nur unvollständig erreichen. Denken Sie einmal nach. Diese Tatsache ist ihnen sogar schon oft im täglichen Leben begegnet. Man spricht dann üblicherweise davon, dass man ‚seine Zeit für etwas vergeudet hat'.

Aber auch im ‚normalen Leben' ist ganz klar zu erkennen, dass diese Sammelleidenschaft bereits dann problematisch wird, wenn die finanziellen Eigenmittel nicht mehr dazu ausreichen, diese Dinge, Sachen oder Gegenstände auf legalem Wege, wie bisher, zu beschaffen. Wenn dann noch der ‚seelische Druck', die Objekte dieser Sucht dennoch besitzen zu MÜSSEN, so stark wird, dass eine ‚Gier' daraus entsteht, kann dies dazu führen, dass von dem Betroffenen moralische und sogar rechtliche Schranken niedergerissen werden.
Die ‚Sucht' dieses ‚Besitzen-Wollens' ist der ‚Gier' des unbedingten ‚Besitzen-Müssens' gewichen. Im Umgangssprachgebrauch spricht man dann tatsächlich davon, dass derjenige davon ‚besessen' ist. Derjenige zieht seine alleinige Befriedigung aus dem Besitz der erstrebten Dinge, Sachen oder Gegenstände.

Manchmal wird diese ‚Gier' auch allesbeherrschend. Das gesamte Denken und Handeln desjenigen dient nur noch dem EINEN Ziel, diesen Besitz zu erreichen.
Die Geschichte hat gezeigt, dass bis dahin durchaus ‚honorige' Persönlichkeiten, durch ihre ‚Gier' getrieben, straffällig geworden sind. Meist geschieht dies sogar unter Ausnutzung von ‚Privilegien', die derjenige durch sein bisheriges Verhalten, in den meisten Fällen jedoch durch seine erreichte gesellschaftliche Stellung, erworben hatte.

Sollten sie bei sich, eine verstärkte Sammelleidenschaft verspüren, ist es ein meist gangbarer Weg, den Drang, diese Dinge besitzen zu wollen, einfach auf die Sachebene zu überführen. Stellen sie sich einfach die Fragen: WARUM möchte ich dieses Ding besitzen? WAS wäre so schlimm daran, wenn ich darauf verzichten würde und das so frei gewordene Geld z.B. für einen schönen Urlaub mit einem meiner Liebsten verwenden würde? Sammelleidenschaft macht oft auch einsam. Lassen sie es nie so weit kommen, dass sie diese über Liebe, Freundschaft oder gar ihre Familie stellen.

„Verwechsle nicht die Liebe mit dem Rausch des Besitzes, der die schlimmsten Leiden mit sich bringt. Denn du leidest nicht unter der Liebe, wie die Leute meinen, sondern unter dem Besitztrieb, der das Gegenteil der Liebe ist."
Antoine de Saint-Exupéry

Die dunkelste Seite der Sucht ist jedoch die Sucht, andere Wesen und wohl sogar Menschen zu beherrschen oder, wie aus der Geschichte und aus der Literatur überliefert wird, zu versklaven. Lassen Sie solche Gedanken niemals auch nur den Bruchteil eines Lidschlages in Ihr Denken und Fühlen.
Bereits die Bibel lehrt uns; wer so denkt, hat sich vom Weg der vom Universum vorgesehenen Entwicklung nicht nur entfernt, sondern hat sich schon auf den Weg ohne Wiederkehr begeben. Alle Gewalt, die von solchen Wesen ausgeht, wird sich tausendfach verstärkt wieder gegen diese Wesen wenden und diese der verdienten ewigen Strafe zuführen.
„Wer Wind säht, wird Sturm ernten."
Die Bibel – Hosea 8,7

Die ‚Gier' ist die bis ins schier unermessliche gesteigerte Habsucht. Der von ‚Gier' Besessene ordnet ALLES, sein gesamtes Leben, Denken und Trachten, der Befriedigung dieser niedrigen Eigenschaft unter.

„Gier frisst Hirn."
Deutsches Sprichwort

Hier werden ganz ähnliche Strukturen wirksam, wie wir dies schon im Abschnitt ‚Von der Wut und dem Hass' beim ‚Hass' erkannt und herausgearbeitet haben. Der von der ‚Gier' Erfasste verliert die Fähigkeit logisch **und zugleich** empathisch seiner Umgebung und allen Menschen und Wesen gegenüber zu handeln.

Von der ‚Angst' und dem Wörtchen ‚Nicht'

„Der Tiger macht aus Angst, Angst"

Chinesisches Sprichwort

In unserer Evolution, der Evolution und Entwicklung des Menschen, gab es wohl Zeiten, in denen die Natur um uns herum noch voll von tödlichen Gefahren für uns war. Der Säbelzahntiger, welcher heute noch kein Frühstück hatte, war genau so eine potentielle und möglicherweise tödliche Gefahr für uns, wie das jagende und dabei alles zerstampfende Mammut. Begegnete unserem Ahnen so ein hungriger Säbelzahntiger, gab es für ihn nur zwei mögliche Überlebensstrategien. Die Flucht oder den Angriff. Und so sind wir modernen Menschen wohl die Nachfahren entweder der Urmenschen, die sehr schnell laufen konnten, oder der Urmenschen, welche die Keule und die Streitaxt sehr geschickt zu handhaben wussten. Angst ist keines der Gefühle, die zu einer erfolgreichen Überlebensstrategie führen oder je geführt haben. Wer Angst hat, hat aufgehört zu denken und ist somit aller Möglichkeiten beraubt der, in unserer heutigen Zeit möglicherweise auch nur erfundenen und somit auch nur scheinbaren, Bedrohung entschlossen und dabei logisch denkend entgegenzutreten. Entgegenzutreten oder einfach auch nur diese Lüge, welche uns da aufgetischt werden soll, zu erkennen und zu entlarven. Und so endeten dann wohl alle unsere anderen Vorfahren im Magen und als Frühstück des danach nicht mehr hungrigen Säbelzahntigers. Wer sich Angst machen lässt, hat aufgehört, selbst für sich Entscheidungen zu treffen. Hat die Kontrolle über sich und sein Leben und möglicherweise auch über das Leben seiner Liebsten an diese angstverbreitenden Wesen abgegeben.

„Fear kills!" – „Angst tötet!" - ist ein sehr kurzes, aber wohl auch sehr zutreffendes Sprichwort, dessen Herkunft allgemein im angelsächsischen Sprachraum vermutet wird.
Angst ist ein dunkles Gefühl. Es soll den negativen Kräften die Tür zu Deiner Seele, deinem Denken und zu Deinem Geist öffnen. Tritt den ‚Fear-Mongers' – den Angstmachern - klar und entschieden entgegen. Die Angst soll Dich nur willenlos und gefügig machen. Unfähig dazu, Deinen freien Willen zu erklären und zu postulieren. Der Freie Wille, Dein frei erklärter Wille, ist Deine stärkste Waffe gegen die Angriffe der Angstmacher dieser Welt. Allerdings musst Du wieder lernen, Deinen freien Willen positiv zu formulieren. Gehe davon aus, dass das Universum das Wörtchen ‚NICHT' niemals hören kann. Was wird dann wohl aus der uns anerzogenen negativen Formulierungsweise, wie: „Ich will dieses NICHT haben." Es bleibt genau das Gegenteil von dem, was wir beabsichtigen. „Ich will dieses haben". Erkenne dies und lerne wieder, Deine Wünsche und Deinen Willen stets positiv zu formulieren. Sage ganz direkt, was Du möchtest, wünscht und was Dein freier Wille ist. „Ich will, dass dieser Mensch aus meinem Leben verschwindet" ist zum Beispiel eine solche Formulierung. Anstelle der üblichen Formulierung: „Ich möchte NICHT krank werden" tritt dann zum Beispiel: „Ich bin und bleibe gesund". Und für die bisherige Formulierung: „Der Plan der dunklen Kräfte wird NICHT gelingen" tritt dann wie von selbst „Der Plan der dunklen Kräfte wird scheitern".

Auch wenn es Dir zu Beginn vielleicht etwas eigenartig und vor allem ungewohnt vorkommen mag, ist diese Formulierungsweise enorm wichtig, für Dich und Deine ersten Schritte auf dem Weg zur Liebe und zum Inneren Licht in der Dunkelheit dieses Tages.

Ein mögliches Mantra, zur Vertreibung und Auflösung des Griffes der Angst um Deine Seele, Deinen Geist und Dein Denken ist folgendes:

‚Die Liebe und das wahre Licht sind allbestimmend und die Angst bleibt außen vor'

Finde Deine Mitte. Alle Dinge dieser Welt dort um Dich herum sind weit, ganz weit entfernt. Sind für Dich völlig unwichtig geworden. Kein Gedanke stört mehr diese Ruhe in Dir. Atme gleichmäßig und ruhig. Konzentriere Dich dabei jedoch nur auf das Ausatmen. Warte geduldig, bis alle Gedanken in dir vollständig zur Ruhe gekommen sind. Lasse die Luft dabei langsam und bewusst aus Deinen Lungen strömen. Konzentriere Dich dann auf Deine Seele, Deinen Geist und das ewige Licht ganz tief in Dir. Wiederhole dieses Mantra dreimal in Gedanken und lasse es dabei jedes Mal leise in Dir nachhallen:

‚Die Liebe und das wahre Licht sind allbestimmend und die Angst bleibt außen vor'

‚Die Liebe und das wahre Licht sind allbestimmend und die Angst bleibt außen vor'

‚Die Liebe und das wahre Licht sind allbestimmend und die Angst bleibt außen vor'

Du wirst merken, wie der umklammernde Griff in Deiner Brust immer mehr und mehr an Kraft verliert und dann gänzlich schwindet. Wie sich Deine Seele und Dein Geist immer mehr und mehr aus dieser Umklammerung der negativen Kräfte lösen und befreien wird. Jetzt erst, wenn dieser Griff, diese Umklammerung, vollständig verschwunden ist, wirst Du Dir seiner bisherigen Anwesenheit vollständig bewusst. Deine Seele ist jetzt befreit, leicht und glücklich.

Von der ‚Gleichgültigkeit'

„Gleichgültigkeit ist auch Mittäterschaft." Unbekannter Verfasser - Aus einem Kommuniqué der nordostbrasilianischen Bischöfe

‚Das ist mir doch egal' oder ‚Ich habe mein ‚Schäfchen' doch im Trockenen' oder aber auch ‚Die werden schon wissen, was die machen' sind alles Bemerkungen einer Schein- oder auch Zwecklogik, die unserer Bequemlichkeit und Gleichgültigkeit ein ‚Deckmäntelchen' verschaffen sollen. Meist sogar nur vor uns selbst, oder weil wir vielleicht sogar in unserem tiefsten Inneren spüren, dass der Andere, der uns auf einen Missstand aufmerksam gemacht hat, vielleicht doch mit seiner Meinung im Recht sein könnte. Oftmals ist die, dann meist nur aufgesetzte, Gleichgültigkeit ein Ausdruck des persönlichen Unvermögens oder auch des persönlichen ‚Nichtwollens'.

„Vom Hunger getrieben machte sich auf der Höhe eines Weinberges ein Fuchs an Trauben heran, indem er mit aller Kraft nach ihnen sprang. Da er sie aber nicht erreichen konnte, sagte er im Weggehen: „Sie sind noch nicht reif, und sauer will ich sie nicht pflücken."

Wer das, wozu er nicht in der Lage ist, mit Worten herunterspielt, der soll sich dieses Beispiel zu Herzen nehmen." [8]

Wenn man gleichgültig gegenüber seiner Umgebung und seinen Mitmenschen geworden ist, hat man damit begonnen, sein wichtigstes Gut auf dieser Welt aufzugeben. Das Recht und die Möglichkeit, sein Leben und das Gefüge der jeweiligen Gesellschaft, in der derjenige lebt, aktiv mitzugestalten und über sein Leben aktiv selbst zu bestimmen. Besonders die Aussage ‚Die werden schon wissen, was die machen' ist eine der problematischsten Denkweisen dabei. Wer wegsieht ist schon auf dem Wege zur Mittäterschaft. Der so Denkende gibt sämtliche Entscheidungen an andere Wesen, Personen und Gruppen ab. Ordnet sich somit den, mit hoher Wahrscheinlichkeit vorhandenen, persönlich-egoistischen oder gruppen-egoistischen Zielen unter. Hofft darauf, dass er dabei keine oder nur geringe Einbußen seiner persönlichen Freiheit oder auch seines persönlichen Eigentums erleiden wird.
„Die Hoffnung stirbt zuletzt"
Deutsches Sprichwort

Er verzichtet somit, meist sogar im vollsten Bewusstsein, darauf bei allen ihn betreffenden Entscheidungen gehört und zwangsweise in die Entscheidungsfindung eingebunden zu

---

[8] Tierfabel ‚Der Fuchs und die Trauben' des Äsop in der nach ‚Wikipedia' übersetzten Fassung des Gaius Iulius Phaedrus

werden. Aus seiner Gleichgültigkeit heraus kann derjenige so zum Spielball fremder Interessen werden.

Bleibe aktiv oder WERDE WIEDER AKTIV. Es ist einfacher, als du denkst. Jede scheinbar noch so geringe aktive Handlung eines Einzelnen kann einen fehllaufenden Entscheidungsprozess wieder auf den positiven Weg zurückbringen. Bringe Dich wieder ein. Wirf die Gleichgültigkeit über Bord. Sei wieder Schmied deines Glückes und des Glückes der Menschen, die deine Liebe und Unterstützung verdienen.

Viele Naturphänomene, aber auch gesellschaftliche Prozesse und Wechselwirkungen zwischen Menschen sind sogenannte ‚nichtlineare Systeme'. Das heißt, sehr stark vereinfacht, dass mehrere unbedeutende Ereignisse, die zueinander in Wechselwirkung treten, eine Katastrophe unerwarteten Ausmaßes auslösen können. Oder, dass eine nur geringfügige Veränderung einer Anfangsbedingung, dass gesamte System in einen anderen Endzustand versetzen kann. Die Reaktorkatastrophe von Fukushima als Beispiel aus der jüngeren Vergangenheit ist sicher noch der etwas älteren Generation gegenwärtig.

„Kann der Flügelschlag eines Schmetterlings in Brasilien einen Tornado in Texas auslösen?"
Edward N. Lorenz [9]

---

[9] Edward N. Lorenz ‚The essence of Chaos', Seattle 1993

Seien sie also zuversichtlich und mutig. Der Glaube, die Liebe und die Hoffnung sind drei golden leuchtende Schilde, für den mutigen, entschlossenen und humanistisch denkenden und handelnden Menschen in dieser Welt. Lernen Sie diese [wieder] zu gebrauchen.

Von ‚Manipulation' und ‚manipuliert werden'

„Dieses Angebot gilt nur noch heute! Sie müssen schnell sein, denn wir haben nur noch geringe Stückzahlen am Lager"

Unbekannt

Fast alles in unserer modernen Welt von heute ist von Manipulation durchsetzt, ja ist manchmal und, dabei absolut neutral betrachtet, nichts weiter, als reine Manipulation. Wem ist so eine Aussage, wie die oben wiedergegebene nicht schon einmal in seinem Alltag begegnet. Die obige Aussage oder solche Aussagen, wie:

- „Diesen Preis können wir ihnen nur noch heute anbieten"
- „So eine einmalige Chance bietet sich ihnen nie wieder"
- „Diese Auswahl gibt es nur bei uns"
- „Nicht wahr, sie sind auch dieser Meinung"
- „Dem anderen geht es noch viel schlechter, als Dir"

haben in den allermeisten Fällen nur ein Ziel. Ihre Meinung und ihre Grundüberzeugung sollen gezielt im Sinne des Manipulierenden verändert werden. Man möchte, dass sie etwas tun oder denken (manchmal auch etwas unterlassen bzw. einfach auch nur damit beginnen, etwas abzulehnen), was im Moment absolut ihrer ehrlichen Überzeugung entspricht. Wovon sie sich bereits eine, meistens sehr gut fundierte, Meinung gebildet haben und überzeugt sind. Durch den Versuch, zeitlichen und vor allem seelischen Druck auf sie auszuüben, sollen sie dazu gebracht werden, zum Beispiel ein bestimmtes Produkt oder auch eine bestimmte Dienstleistung zu erwerben oder in Anspruch zu nehmen. Manchmal hat diese Manipulation auch einfach nur zum Ziel, eine den egoistischen Zielen einer Gruppe entsprechende Denk-Meinung oder ‚Denk-Überzeugung', bei ihnen zu bewirken.

Alle diese Manipulationen begegnen uns heute auf Schritt und Tritt. Wir nehmen diese jedoch, zumindest im Moment noch nicht, BEWUSST war (auf die dort wirkenden Mechanismen kommen wir weiter unten in diesem Kapitel noch zu sprechen). Wenn sie zum Beispiel einen Einkaufsmarkt betreten, hat die Manipulation meistens bereits schon begonnen.
In vielen Fällen sind sie bereits vor dem Markt oder im Eingangsbereich an Werbebotschaften vorbeigekommen, ohne es BEWUSST wahrgenommen zu haben. Und auch die im Markt im HINTERGRUND laufende Musik und die dort im HINTERGRUNDGERÄUSCH versteckten Durchsagen sind bereits dabei, gezielt unser Kaufverhalten zu steuern und zu beeinflussen. Meist wird dann die in Radio und Fernsehen und im Internet, zum Beispiel auf Streaming-Plattformen, bereits **unterschwellig** im Gehirn des Manipulierten **eingebrannte Botschaft** aktiviert. Auf die bei einer unterschwelligen Manipulation angewendeten Mechanismen kommen wir gleich noch einmal zurück.

Der absolute ‚Witz' an der Sache ist jedoch, dass die manipulierten Personen im Normalfall IMMER felsenfest der Meinung sind, nicht beeinflusst worden zu sein. Diese UNBEWUSSTHEIT ist der Schlüssel und die absolute Grundbedingung für das Gelingen und den ‚Erfolg', im negativen

Sinne, dieser Art der Manipulation. Werden sie sich der in ihnen tatsächlich stattgefundenen Manipulation bewusst. JETZT!
Ist man sich dieser Wirkmechanismen jedoch BEWUSST geworden, ist dies bereits UNSERE effektive Möglichkeit, diese Manipulation zu erkennen und sich davor zu schützen, indem wir lernen, uns **dieser unterschwelligen Programmierung zu entziehen**.

Wie ist es jetzt aber möglich, diese Botschaften für uns UNBEMERKT und, somit unserem Bewusstsein entzogen, in unserem Gehirn zu verankern, ja ‚einzubrennen'?
Wir wollen jetzt gemeinsam versuchen, uns dem Verständnis dieses Prozesses, wenn auch in sehr stark vereinfachter Form, zu nähern.
Stellen sie sich vor, unser Gehirn wäre ein großes Warenlager. Alle paar Sekunden kommt eine neue Lieferung Waren (Informationen von außen) am Eingang an. Alle Waren (im Gehirn sind das die ankommenden Informationen), welche den Pförtner passiert haben, verbleiben auf ewig in unserem Lager (Gehirn). Verdorbene Waren (Informationen, die von uns im Normalfall abgewiesen werden) würden, einmal in das Lager (= Gehirn) gelangt, für immer dort verbleiben und so unser Denken negativ beeinflussen, möglicherweise sogar ins Negative verändern.
Damit keine nichterwünschten Waren (unerwünschte Informationen und Meinungen) in unser Lager gelangen können, haben wir dort am Eingang einen Pförtner platziert. Dieser weist alle Waren, die wir ablehnen (von uns negativ bewertete Informationen), ab und lässt diese nicht passieren.

Und so passieren <u>ohne</u> Manipulation nur Informationen und Meinungen den Pförtner, deren wir uns BEWUSST sind, die unserer Überzeugung und unserem Denken entsprechen, und die wir BEWUSST verinnerlichen WOLLEN.
Wenn jetzt aber unser ‚Pförtner' genau in dem Moment, wenn eine verdorbene Ware angeliefert werden soll, gezielt abgelenkt wird (z.B. das Telefon läutet oder eine Person verwickelt den Pförtner in ein Gespräch, oder dem Pförtner wird kurz der Blick auf den zu kontrollierenden Bereich versperrt) können diese verdorbenen Waren in das Warenlager gelangen, ja regelrecht eingeschmuggelt werden.

Und so ungefähr funktioniert dies auch tatsächlich in unserem Gehirn. Uns ist dabei nur das BEWUSST, was unser ‚Pförtner', also unser BEWUSSTES Denken aktiv wahrgenommen hat. Läuft jetzt zum Beispiel ein Autoradio oder ein Küchenradio, ein Fernseher oder die Werbeunterbrechung im Internet, während wir uns ein Video ansehen, also immer dann, während wir mit einer anderen Tätigkeit beschäftigt sind (manchmal auch nur ablenkend ‚beschäftigt' werden), gelangt diese Information UNBEMERKT in unser Denken. Unser Denken wird so manipuliert und wir bekommen es nicht einmal mit, bzw. sind uns dessen nicht BEWUSST geworden.

Seien sie sich bewusst, dass man auf diese Art jede Information in ihrem Denken platzieren kann.

Wenden sie sich konsequent ab, von diesem Weg, ein mögliches Manipulationsopfer, zu werden oder sogar schon zu sein. Alle diese Dinge rauben uns, genau wie unserem Spielzeughäschen, dringend benötigte Lebens-Energie.

Dieser Weg zur Liebe und zum wahren Licht in der Dunkelheit unseres Tages erfordert jedoch von dem, der sich dazu fest entschlossen hat, diesen Weg zu gehen, die Anstrengung ALLER seiner seelischen Kräfte und seines GESAMTEN Willens, also seiner GESAMTEN Energie.
Auch die täglichen Meldungen, die immer und immer wieder auf uns einzuprasseln scheinen, und sogar die Nachrichtensendungen lenken uns dabei von diesem Weg ab, die innere Ruhe und Ausgeglichenheit zu erreichen und aufrecht zu erhalten. Klinken sie sich einfach aus diesem täglichen ‚Lärm' um uns herum aus. Lernen sie KONSEQUENT KEIN Radio und KEIN Fernsehen mehr im Hintergrund laufen zu lassen. Nicht zu Hause, nicht im Auto und auch nicht auf der Arbeitsstelle. Nutzen sie ab sofort ihr Handy nur noch dazu, um mit ihren Liebsten und ihren WAHREN Freunden zu kommunizieren. Unterlassen sie das, oft stundenlange und dabei scheinbar ziellose, ‚herumscrollen' im Internet. Mehr noch, meiden sie möglichst ALLE diese bisher genutzten Informationskanäle. So auch Zeitungen und Zeitschriften. Sie benötigen ALLE ihre Energie, um IHR in der Ferne schon leuchtendes Lebens-Ziel zu erreichen.

Nutzen sie ihre FREIGEWORDENE ZEIT wieder dazu, etwas tatsächlich für SICH zu tun. Lesen sie ein gutes Buch. Vielleicht das, welches sie schon lange lesen möchten, aber NIE DAZU ZEIT HATTEN. Verbringen sie wieder mehr ZEIT zusammen mit ihrer

Familie. Seien sie SPONTAN und unternehmen sie zum Beispiel etwas zusammen mit ihren Eltern, ihren Kindern und, wenn schon vorhanden, Enkelkindern. Pflegen sie ihre WAHREN Freundschaften, haben sie an allem ihre Freude und ziehen sie daraus immer wieder, genau wie unser Spielzeughäschen, ihre Zusatz-Energie, die sie auf dem Weg zu dem golden leuchtenden Tor mit der Aufschrift ‚Ziel deines Lebens' benötigen werden.

Seien sie sich IMMER BEWUSST, diese Zeit, zusammen mit ihren Liebsten, holen sie NIEMALS mehr zurück. Jeder Augenblick ist wertvoller, als alle Zeitungen, das Internet und alle Fernsehsendungen und Videos dieser Welt.
Schon nach kurzer Zeit werden sie bemerken, dass sie diese Informationen in keinster Weise mehr vermissen werden.

Sie werden feststellen, wie ruhig und friedlich und vor allem friedvoll ihr Leben, ihr Fühlen und ihr Denken von nun an, ebenso ruhig und majestätisch, wie ein breiter und ruhiger Fluss, dahinströmen wird.

Machen sie es einfach so, wie unser kleines Spielzeughäschen. Seien sie entschlossen und mutig und schieben sie alle ‚schwarzen Hasen der Manipulation' einfach energisch beiseite und schreiten sie, nunmehr von diesem negativen Denken befreit, auf ihrem Weg zur Liebe und zum Licht des kommenden Morgen weiter. Gehen sie mutig und zielstrebig und, den Weg selbst dabei genießend, voran.

Warten sie jedoch niemals solange damit, bis ihre zusätzliche Lebens-Energie, die sie durch ihren mutigen Entschluss geschenkt erhielten, wieder aufgebraucht ist. Starten sie JETZT und SOFORT und FEST ENTSCHLOSSEN, auf IHREM Weg zur Liebe und zum wahren Licht des kommenden Morgen.

Über das Wirken der geheimnisvollen Person ‚Niemand'

Wem ist es nicht schon einmal begegnet? Das ‚ausschließende Fürwort' – ‚Niemand'.

Fürworte, oder besser, und um Missverständnissen vorzubeugen, ‚Stellvertreterworte' kennen wir im allgemeinen Sprachgebrauch als Worte, welche für Personen oder Dinge oder auch Sachen stehen. So zusagen an deren Stelle, also stellvertretend für diese, Verwendung finden.

So z.B. in folgenden Formulierungen:

‚Die Menschen, die es lieben, dieses Buch zu lesen –> die LESER dieses Buches'

‚Die Menschen, die im Moment in dieser Stadt dort wohnen -> die EINWOHNER dieser Stadt'

‚Die in diesem Geschäft zum Kauf angebotenen Dinge -> die in diesem Geschäft angebotenen HANDELSWAREN'

Immer steht ein BEZEICHNENDES Wort dort, anstelle des Begriffes, welchen es ersetzen soll. Das ‚Stellvertreterwort' hat somit IMMER den GLEICHEN Inhalt, und die GLEICHE Bedeutung, ja Assoziation, wie der ursprüngliche Begriff, den es ersetzen soll. Nur beim geheimnisvollen Wort ‚Niemand' und bei seinem engsten ‚Verwandten' ‚Nichts' ist dies nicht der Fall.

Auf unsere drei obigen Beispiele bezogen, würden sich dann folgende Formulierungen ergeben:

‚Die Menschen, die es nicht lieben, dieses Buch zu lesen –> NIEMAND liebt es, dieses Buch zu lesen‘

‚Die Menschen, die im Moment nicht in dieser Stadt dort wohnen - NIEMAND, der im Moment in dieser Stadt dort wohnt‘

Bei Dingen und Sachen muss man sogar den engsten ‚Verwandten‘ von ‚Niemand‘ – also das Wörtchen ‚Nichts‘ bemühen:
‚Die in diesem Geschäft zum Kauf angebotenen Dinge -> NICHTS, was in diesem Geschäft zum Kauf angeboten wird‘

Egal, ob auf Personen, Dinge oder Sachen angewendet, die ‚Stellvertreterworte‘ ‚Niemand‘ und ‚Nichts‘ haben stets KEINERLEI Inhalt. Sind absolut hohl und leer.
EINE LEERE WORTHÜLSE.

Der gesamte Inhalt, der mit dem Ursprungsbegriff verbunden und verknüpft war, ist verschleiert und ausradiert worden. Ist komplett verschwunden, ja man kann sogar sagen, vorsätzlich ausgelöscht worden.
Wenn wir dies klar erkannt haben, lohnt es sich IMMER, denjenigen der diese Formulierungen uns gegenüber gebraucht, genauer zu betrachten. Sich dessen, durch diese Maskerade verborgenen, Absichten und tatsächlichen Ziele genauer anzusehen.

Im Universum gibt es, bekannter Weise, immer zwei Seiten derselben Sache. So zum Beispiel:

- Gut und Böse
- Schwarz und Weiß
- Richtig und Falsch
- Liebe und Hass.

Man spricht dann meist auch im übertragenen Sinn von den ‚zwei Seiten einer Medaille'. So auch hier. Die ‚Stellvertreterworte' ‚Nichts' und ‚Niemand' können sowohl im positiven Sinn, hier wird meist nur eine Gute Tat vor ihrer zu frühzeitigen Entdeckung geschützt, aber auch im negativen Sinn, hier wird der oder den ‚Zielpersonen' vorsätzlich Schaden zugefügt, verwendet werden.

Beispiele für die Verwendung im positiven Sinn:
An der Tür klingelt der Postbote um das von Ihnen als Überraschung geplante Geschenk für einen Ihrer Liebsten abzugeben. Es ist ein Ding oder eine Sache, die sich das Geburtstagskind schon sehr, sehr lange gewünscht hat, wofür aber z.B. nie genügend Geld vorhanden war. Diejenige Person ist heute auch zu Hause und hat mitbekommen, dass soeben jemand an der Tür war. „Schatz wer war denn das?" Eine gebräuchliche Antwort ist dann meist: „Es war Niemand an der Tür", obwohl die Antwort „Das möchte ich Dir noch nicht verraten, aber Du hast ja auch bald Geburtstag", vielleicht mit einem lustigen Augenzwinkern verbunden, passender wäre. Eine ähnliche Situation könnte sein, dass die weiter entfernt wohnenden Kinder Ihren Vater zu seinem runden Geburtstag mit einem spontanen Besuch überraschen wollen und deshalb

gerade mit der Mutter dahingehend telefonieren, als der Vater das Zimmer betritt.

Beispiele für die Verwendung im negativen Sinn:
In der Zeit der Trennung der beiden deutschen Staaten, BRD und DDR, wurde im Jahr 1961 beginnend, eine Grenzanlage errichtet, welche den freien Übertritt zwischen beiden deutschen Staaten unmöglich, ja lebensbedrohend und tödlich, machte. Im allgemeinen Sprachgebrauch dieser Zeit als ‚Mauer' bezeichnet.
Schon als die Baukolonnen bereits aufgeboten und so zusagen schon ‚unterwegs' waren, um diese Grenzanlage zu errichten, beteuerte der damalige Staatsratsvorsitzende Walter Ulbricht noch vor laufender Kamera: „NIEMAND hat die Absicht eine Mauer zu bauen".

Betrachten sie dann stets Ihren Gegenüber ganz genau. Es ist mehr als wahrscheinlich, dass dieser ‚NIEMAND, der die Absicht hat eine Mauer zu bauen' ihnen gerade genau gegenüber steht. Dies gilt für Einzelpersonen, die egoistische Einzelziele verfolgen. Bei egoistischen Gruppenzielen gilt dies im Prinzip genau so, wobei es aber auch möglich ist, das der oder die eigentlichen ‚Drahtzieher' dieser Aktion selbst als Personen im Hintergrund bleiben können und nur ein paar ‚Marionetten' über die Bühne vor Ihnen tanzen lassen werden.
Denken sie einmal ein paar Minuten über eine solche Formulierung wie:

„NIEMAND will, dass es Euch schlechter als vorher geht, aber diese Maßnahme ist unumgänglich" nach.

Zu welcher Erkenntnis sind SIE gekommen?
Ist es möglicherweise folgende:
Die Bedeutung von ‚Niemand' kennen wir bereits. Dahinter steht immer der Sprecher selbst oder sein Auftraggeber. **Das Wörtchen ‚aber' löscht IMMER die Aussage des VORSTEHENDEN Halbsatzes und zwar komplett aus.**
Der Davor stehende Halbsatz war vom Sprecher niemals, auch nur im Ansatz, ernst gemeint.

Wie kann ich mich aber nun gegen diese Technik zur Wehr setzen? Ganz einfach. Der erste Schritt zu einer erfolgreichen Abwehrstrategie ist immer die Kenntnis der WAHREN Absichten des Sprechenden oder der Absichten der Auftraggeber dahinter.

Kehren Sie einfach die Logik der ‚Stellvertreterworte' um.

Aus ‚Niemand' wird dann der jeweilige Sprecher selbst oder bei Gruppenzielen der oder die Drahtzieher dahinter.
Der Halbsatz, der **HINTER** dem Wörtchen ‚aber' steht wird komplett gestrichen oder, meist noch besser, in sein logisches Gegenteil umgekehrt. Je nachdem, was Ihnen ‚echter' vorkommt.

Schauen wir einmal gemeinsam, was aus unserem vorstehenden Beispiel dann wird. Aus der ursprünglichen Formulierung:

„NIEMAND will, dass es Euch schlechter als vorher geht, aber diese Maßnahme ist unumgänglich"

wird dann sofort:

„Ich, der Sprecher vor Ihnen, aber genau genommen, meine Auftraggeber, da ich leider nur eine kleine Marionette bin, möchten, dass es Ihnen schlechter, als vorher geht. Diese Maßnahme, die ich Ihnen einzureden versuche, ist absolut unnötig und dient nur den Zielen meiner Auftraggeber hinter mir."

Klarer dürfte es wohl kaum noch gehen. ;-)

Ein weiteres Beispiel aus dem Arbeitsleben könnte folgendes sein: Ihr Chef bestellt sie zu einem Mitarbeitergespräch ein. Sein erster, und möglicherweise auch letzter, Satz ist:

„Guten Tag Herr XYZ. Niemand will sie entlassen und ich bin mit Ihrer Arbeit eigentlich ganz zufrieden, aber ihre Arbeitsmoral lässt in letzter Zeit sehr zu Wünschen übrig".

Schlimmer geht es wahrscheinlich nicht mehr. Die Bedeutung von ‚Niemand' ist uns schon geläufig; derjenige, der mich loswerden will sitzt mir im Moment genau gegenüber. Das Wörtchen ‚eigentlich' wird im deutschen Sprachgebrauch

‚eigentlich‘ [;-)] nur dazu gebraucht, um das Gegenteil der scheinbar getroffenen Aussage einzuleiten. ‚Aber‘ dagegen streicht den DAVOR stehenden Halbsatz komplett aus. Was übrig bleibt von Ihrem Gespräch könnte man kurz in etwa so zusammenfassen:

„Guten Tag Herr XYZ, ich möchte, dass Sie umgehend kündigen.“

Nehmen Sie es mit Humor. Wenigstens hat sich der Chef noch die Zeit genommen, Ihnen einen ‚guten Tag‘ zu wünschen. ;-) Mit hoher Wahrscheinlichkeit ist es das Beste für Sie, diesem Unternehmen für immer den Rücken zu kehren.

„Begegnest du jemandem, der ein Gespräch wert ist,
und du versäumst es, mit ihm zu reden,
dann hast du einen Menschen verfehlt.
Begegnest du jemandem, der kein Gespräch wert ist, und du redest mit ihm, dann hast du deine Worte verfehlt. Weise ist, wer stets den richtigen Menschen und die richtigen Worte findet.“
Konfuzius

Von der ‚Empathielosigkeit'

Empathielosigkeit, oder das Fehlen jeglichen Mitgefühls für einen anderen Menschen oder ein anderes Wesen, ist heute weiter verbreitet, als man üblicherweise zu glauben geneigt ist.

In seinem Lied ‚Es lebe der Sport' hat Reinhard Fendrich dies auf eine sehr kurze und prägnante Weise so zusagen auf den Punkt gebracht. Dabei geht es dort um den empathielosen Zuschauer am Kaffeetisch oder auf der Couch, der das Fernsehprogramm, hier Sportübertragungen, verfolgt und auf vermeintliche Sensationen, welche jedoch nur darin bestehen, dass dabei die Sportler und Athleten verunglücken, zu warten scheint. Wenn uns Künstler, Schriftsteller und Kunstschaffende auf Missstände hinweisen und aufmerksam machen wollen, geschieht dies oft in einer sehr direkten, manchmal sogar drastischen oder auch überspitzten Art und Weise.

Aber auch in Alltagssituationen ist die Empathielosigkeit weiter verbreitet, als man gemeinhin zu vermuten geneigt ist. Die Empathielosigkeit, die in den meisten Fällen auch vom Egoismus und der Selbstbesessenheit flankiert wird, ist eines der sich am häufigsten unbemerkt im Denken und Fühlen der Menschen einnistenden Gefühle.
Vielleicht ist Ihnen schon einmal die folgende oder zumindest eine ähnliche Situation begegnet:
Sie sind auf dem Weg nach Hause. Das Meeting oder die Veranstaltung, welche sie besucht haben, hat nun doch noch etwas länger gedauert, als ursprünglich geplant. Sie haben für

heute Abend einen Tisch in Ihrem Lieblingsrestaurant bestellt oder haben z.B. Karten für eine Veranstaltung. Zügig kommen Sie bisher auf der Autobahn voran und es scheint leicht möglich, rechtzeitig zu Hause anzukommen.

Plötzlich sind vor Ihnen nur noch die Lichter der Warnblinkanlagen der vorausfahrenden Fahrzeuge zu sehen. Alles kommt zum Stehen. Von den haltenden Fahrzeugen wird eine Rettungsgasse gebildet. Am vorderen Stau-Ende scheint es einen Unfall gegeben zu haben. Der Verkehr steht und steht. Die Zeit verrinnt. Nach knapp zehn Minuten sind die Sondersignale der sich von hinten durch die gebildete Rettungsgasse nähernden Einsatzfahrzeuge zu hören. Wenig später passieren die Polizei, der Notarzt und ein Rettungswagen ihre Position. Danach folgen noch zwei Züge der Feuerwehr. Die Zeit schreitet immer weiter voran. Es scheint immer unwahrscheinlicher für Sie zu werden, noch rechtzeitig zu Hause anzukommen.

Welche Gedanken haben sich in Ihrem Denken eingestellt?

Haben Sie auch nur einen kurzen Moment an die Opfer dieses Unfalles dort vor Ihnen gedacht?

„Die wahren Wunder unserer Welt sind nicht die Dinge, die uns geschehen, sondern die Dinge die uns eben nicht geschehen."
Fernöstlich

Was wäre gewesen, wenn das Meeting oder die Veranstaltung pünktlich geschlossen hätte? Wäre ich dann möglichweise dort vorne mit unter den Verletzten oder gar Getöteten?
Lernen Sie wieder dankbar zu sein! Seien sie dankbar für die Dinge, die uns geschehen und vor allem für die Dinge, die ihnen eben nicht geschehen sind.

Lernen sie wieder achtsam zu werden und von nun an jeden Tag achtsam zu sein. Dann werden sie beginnen, alle die kleinen Wunder, die uns jeden Tag immer und immer wieder begegnen, auch tatsächlich wahrzunehmen. An allen anderen Menschen gehen diese Wunder vorbei. Einfach still und leise vorbei, ohne überhaupt auch nur ansatzweise wahrgenommen zu werden. Solche Aussagen, wie ‚...mir passiert so etwas nie...' oder ‚...ich habe noch niemals Glück gehabt...' sind meist ein sehr beredter Ausdruck davon.

Seien Sie gewiss: Nichts geschieht durch Zufall auf dieser Welt. Auch, wenn mir irgendjemand oder irgendetwas scheinbar ‚Steine' in meinem Weg legt, kann dahinter mehr stecken, als wir in diesem Moment zu erkennen bereit sind.

Meist tut es das auch. :-)
Eine weitere Situation, diesmal aus dem Arbeitsleben, könnte sein, dass ein Kollege oder eine Kollegin von jemandem auf der Arbeitsstelle gemobbt wird.

Hatten sie schon einmal solch einen Fall?
Haben Sie der dort gemobbten Person in irgendeiner Weise beigestanden?
Falls Sie diese Frage mit ‚Nein' beantworten müssen, wäre das Kapitel: ‚Von der ‚Gleichgültigkeit' möglicherweise auch weiterführend hilfreich für Sie.

Lernen Sie wieder achtsam zu sein. Lassen Sie die Empathie wieder in Ihr Herz, Ihr Denken und Fühlen. WAHRE Empathie, jedoch NICHT die negativen Gefühle eines ‚Selbstempfundenen Gutmenschen' sind eine unserer stärksten und warmherzigsten Hilfen auf dem Weg zur Liebe und zum wahren Licht im bisherigen Dunkel deines Tages. Hilfen für uns und hilfreich für denjenigen, dem unsere wahre und warme Empathie gilt, wenn er dieser tatsächlich bedarf und wahrhaftig würdig ist.

Je weiter man, als im Rahmen dieser heutigen Gesellschaft im Mainstream denkender Mensch, vom eigentlichen Geschehen entfernt ist, desto weniger Anteil nehmen wir nur noch am Leiden der Betroffenen.
Wenn Sie sich wirklich und mit jeder Faser Ihres Wesens auf den Weg zur Liebe und zum wahren Licht im bisherigen Dunkel dieses Tages aufgemacht haben, werden Sie lernen, diese anerzogene Empathielosigkeit nachhaltig und für immer zu

überwinden und einfach hinter sich zu lassen. Werfen Sie diesen Ballast, einem Ballonfahrer gleich, einfach ab und Ihr ‚Ballon' wird danach einfacher aufsteigen können und dabei ungeahnte Höhen erklimmen. Verlassen sie so mit ihrem ‚Ballon' einfach den Bereich des ‚Mainstream-Denkens' dort unter Ihnen.

Hüten Sie sich jedoch immer und stets davor, dass Ihre Empathie bewusst von Dritten für negative Ziele und Zwecke ausgenutzt werden kann. Immer, wenn ihnen jemand sagt, dass sie irgendetwas unternehmen oder aber auch unterlassen sollen, sollten wir sehr aufmerksam und hellhörig werden. Prüfen Sie dann immer, ob das Gefühl der Empathie Ihrem EIGENEN HERZEN, Ihrem EIGENEN Fühlen und Ihrem EIGENEN Denken entstammt, oder ob Sie manipuliert und belogen werden sollen. Dies würde den negativen Kräften Tür und Tor zu Ihnen öffnen. Sie wären dann, so hart dies an dieser Stelle vielleicht auch für Sie klingen mag, in der Endkonsequenz nichts weiter, als ein ‚Selbstempfundener Gutmensch'.

Vom ‚Selbstempfundenen Gutmenschen‘

„Wenn du deine Entschlüsse nicht infolge einer Regung des Geistes oder des Herzens fasst, sondern dich durch Gründe bestimmen lässt, die sich aussprechen lassen und völlig in deiner Aussage enthalten sind, so verleugne ich dich.“
Antoine de Saint-Exupéry

Dieses Thema scheint, oberflächlich betrachtet, eines der heikelsten Themen in diesem Buch zu sein. Dies muss es jedoch nicht bleiben, wenn man ein paar einfache Regeln beachtet, die man auch im Alltag für sich anwenden kann.

Die meisten Missverständnisse beim Interagieren von Menschen entstehen heute dadurch, dass zu schnell zur Suche nach einer vermeintlichen Lösung des Problems übergegangen wird
Vergleiche dazu auch das Kapitel: ‚FAD - Fast and dirty‘ oder ‚Von der scheinbaren Lösung eines Problems, ohne das Problem auch nur ansatzweise verstanden zu haben‘.

Sehr oft stellt man fest, dass die miteinander interagierenden Gesprächspartner sehr unterschiedliche Auffassungen zu den Themen und oft sogar schon zu den Inhalten der verwendeten Begriffe haben.
Jeder einzelne der Gesprächspartner ist jedoch felsenfest der Meinung:

a) das Thema vollumfänglich verstanden zu haben
   und
b) über die allgemeingültige Beschreibung der verwendeten Begriffe und der zu erreichenden Ziele zu verfügen.

Wahrlich **KEINE** gute Basis dafür, ein für beide Seiten gleichermaßen erfolgreiches Gespräch zu führen und im Ergebnis dieses Gespräches dann auch noch in der Lage zu sein, das Problem bestmöglich zu lösen.

Ein möglicherweise tatsächlich aufgetretenes Problem aus dem Bereich der Technik, speziell dem Brückenbau, soll das hier Gesagte verdeutlichen. Zur Anfangszeit der Erschließung von neuen Wegen soll es zu einem Problem beim Bau einer Talbrücke gekommen sein.
Von beiden Seiten des Tales wurde mit dem Bau der Brücke begonnen. Man wollte sich ungefähr über der Mitte des Tales treffen und die Brücke dort schließen. Bezugsmarke bei solchen Bauprojekten war, bis zur Einführung der modernen Techniken, bis dahin der Bezug auf ‚NN', also auf ‚Normal-Null', was dem Meeresspiegel als Nullmarke entsprach. Leider hat unsere Erde nur eine ungefähre Kugelgestalt und so hatte man möglicherweise aus den Augen verloren, dass zwischen den Meeresspiegelhöhen von Nordsee und Mittelmeer eine Differenz besteht. Da man von beiden Seiten mit dem Bau begonnen hatte, scheint das Ergebnis kaum zu glauben. Tatsächlich soll sich dieser Höhenunterschied auch in dem Bauwerk wiedergefunden haben. Alles schien, bis zum Erkennen

des Fehlers, sonnenklar, absolut sicher und bestimmt gewesen zu sein.

Ein weiteres Beispiel, diesmal aus dem gesellschaftlichen Leben, kann der Besucher eines Gottesdienstes sein, der nur an diesem Gottesdienst teilnimmt, damit ER sich als Person hinterher gut fühlt und als scheinbar Gerechter, in Wirklichkeit aber nur als selbstgerechter ‚selbstempfundener Gutmensch' am Ende des Gottesdienstes daherkommt. Sehr wohl vergessend das dies dort, woran er teilnehmen durfte, ein GOTTES-Dienst war. Der Gläubige DIENT dort seinem GOTT. Aber nicht dem schnöden und scheinbaren 'Gott' seiner Selbstgefälligkeit und des Egoismus in ihm selbst.

Stellen sie sich selbst immer wieder in Frage. Betrachten sie ihr Reden und Handeln stets mit Abstand und so, als wäre die Person dort vor ihnen eine völlig fremde und ihnen völlig unbekannte Person. So wird es ihnen gelingen, sich freizumachen von allen falschen und egogetriebenen Gefühlen und Handlungen.

Das Thema des ‚selbstempfundenen Gutmenschen' ist hiermit jedoch im Rahmen dieses Buches noch nicht abgeschlossen. Da es sehr viele und auch sehr unterschiedliche Erscheinungsformen und Facetten besitzt, dürfte es ihnen bereits in anderen Kapiteln dieses Buches begegnet sein und auch in den noch nachfolgenden Kapiteln wird es wieder ihren Weg kreuzen.

Von der ‚Nächstenliebe'

„Wenn die große Wahrheit siegt, dann wird die Erde allgemeines Eigentum sein. Man wird die Weisesten und Tüchtigsten wählen, um Frieden und Eintracht aufrechtzuerhalten. Dann werden die Menschen nicht nur ihre Nächsten lieben, nicht mehr nur für ihre eigenen Kinder sorgen. Dann werden alle Alten ein friedliches Leben haben, alle Kräftigen eine nützliche Arbeit leisten, alle Jungen in ihrem Wachstum gefördert werden, Witwer und Witwen, Waisen und Einsame, Schwache und Kranke werden Zuflucht und Fürsorge finden. Die Männer werden ihre Stellung finden und die Frauen ihre Heime haben."

Konfuzius

Vielleicht wunderst Du Dich darüber, dieses Kapitel ‚Von der Nächstenliebe' hier und zwar im zweiten Teil vorzufinden, wo man es doch vielleicht eher im dritten Teil, dem Buchabschnitt über die positiven Gefühle, vermuten könnte. Dies scheint zunächst, aber wahrscheinlich auch nur oberflächlich oder aus unseren bisherigen Denkweisen heraus betrachtet, ein anfangs scheinbar unlösbarer Widerspruch zu sein. Sei offen und vorbehaltlos gegenüber den Dingen die dir scheinbar neu und ungewohnt erscheinen. Wenn du Dich wirklich und wahrhaftig und aus reinem Herzen heraus, auf die bedingungslose Suche nach deinem Licht in der Dunkelheit deines bisherigen Tages aufgemacht hast, bist du offen und bereit für viele kleine

Wahrheiten, die dir von nun an Tag für Tag begegnen werden. Wie Puzzlestücke, oder wie einzelne Mosaiksteinchen, werden sich diese mehr und mehr zu einem Ganzen, dem Ganzen der allumfassenden Wahrheit und Liebe tief in dir selbst zusammenfügen.

Schon, wenn man die Bibel, als eine der älteren schriftlichen Überlieferungen betrachtet, fällt einem auf, dass sich in der Abfolge ‚Altes Testament' und darauf später zeitlich folgend das ‚Neue Testament' eine Entwicklung vieler Begriffe und Werte vollzogen hat. So auch der Begriff der ‚Nächstenliebe'.
Aus:

„Liebe Deinen Nächsten, wie Dich selbst."
Die Bibel, Jakobus 2,8

hat sich der Begriff der Nächstenliebe in ‚Johannes 13,34' bereits gewandelt in:

„Ein neues Gebot gebe ich euch, dass ihr euch untereinander liebt, wie ich euch geliebt habe, damit auch ihr einander lieb habt."
Die Bibel, Johannes 13,34

Nach dem Begriff der ‚Nächstenliebe' gemäß ‚Jakobus 2,8' bestand, wenn vielleicht auch nur theoretisch, die Gefahr, egoistischen und empathielosen Gefühlen zu unterliegen und diese zu verbreiten. Stelle dir einfach die Fragen: ‚Wenn jemand in erster Linie nur sich selbst liebt und egoistisch und empathielos ist, liebt er dann seinen Nächsten nicht genau so und nach diesen Werten? Und wenn ja, was ist das dann, moralisch betrachtet, tatsächlich wert? Würde dies nicht zur Verbreitung dieser negativen Gefühle auch auf unsere Nächsten führen können? Was würde dies für Folgen nach sich ziehen, wenn unsere ‚Nächsten' das überhaupt nicht möchten'?

Aus den noch ZEHN GEBOTEN im Alten Testament wird im Neuen Testament nur EIN GEBOT, das der allumfassenden Liebe. Sei dir stets bewusst, dass die ‚Nächsten-LIEBE' nur ein kleiner Teil der ALLUMFASSENDEN LIEBE selbst sein kann.

Folge mit deiner ‚Nächstenliebe' immer deinem Herzen und deiner Intuition. Höre immer auf deine innere Stimme und folge ihr. Lasse Dich niemals von anderen ‚tönenden' Stimmen davon abbringen, dann bleibst du auch immer auf deinem Weg zur Liebe und zum Licht im Dunkel dieses Tages (siehe auch Kapitel: ‚Von Zeit und Energie').

Vom ‚Spannungsdreieck' aus ‚Wut', ‚Hass' und ‚Angst'

In den Kapiteln

- Von der ‚Wut' und dem ‚Hass' und
- Von der ‚Angst'

haben wir uns bereits mit diesen Gefühlen der ‚Aggressionsgruppe' vertraut gemacht. Wir wissen bereits, dass stark vereinfacht dargestellt, die Wut, und als Steigerung der Hass, der Angst diametral gegenüber stehen. In einer weniger vereinfachten Sichtweise ergibt sich aus dieser Erkenntnis heraus das ‚Spannungsdreieck' aus ‚Wut', ‚Hass' und ‚Angst'.

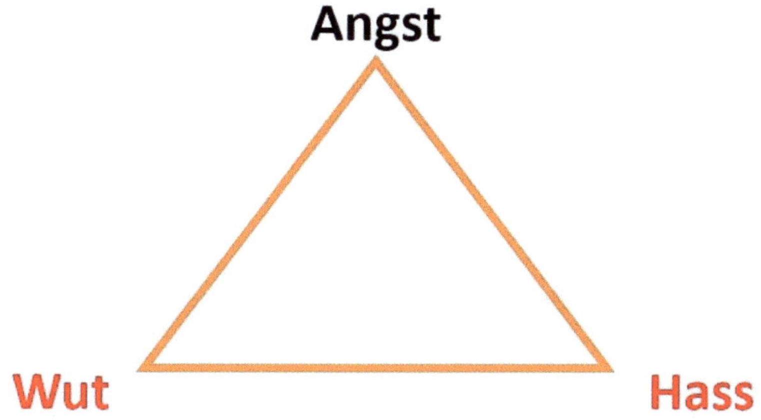

Die ‚Angst' an der Spitze dieses Dreiecks hat den stärksten Einfluss auf jemanden, der ihr vollständig erlegen ist. Dem ‚Hass' kommt meist der zweitstärkste Einfluss zu. Die Wut als notwendige Vorstufe zum Hass darf, obwohl sie in der Regel in diesem ‚Spannungsdreieck' den geringsten Einfluss ausübt, als Wegbereiter zum ‚Hass' niemals unterschätzt werden.

Da die ‚Wut' und der ‚Hass' ausschließlich negative Gefühle sind, haben wir bereits in den vorangegangenen Kapiteln gelernt, uns von diesen Gefühlen zu befreien.

Machen Sie sich frei von der Angst, die jemand in Ihnen schüren möchte. Hinterfragen Sie: ‚Was soll schon Schlimmes passieren, selbst wenn das, was man mir vorgaukelt, tatsächlich geschehen würde, was aber mehr als unwahrscheinlich ist? Was will derjenige, der mir diese Angst einreden will, WIRKLICH damit bewirken? Ist das, was er mir einreden will, in seiner WAHREN Konsequenz meist nicht viel schlimmer, als diese, von ihm meist nur erfundene, und an die Wand projizierte scheinbare Bedrohung'?

„Wer fragt, ist ein Narr für eine Minute. Wer nicht fragt, ist ein Narr sein Leben lang."
Konfuzius

Wesen und Personen, die egoistische Ziele oder egoistische Gruppenziele verfolgen, versuchen alle davon betroffenen Personen in Angst und, wenn möglich, sogar Schrecken, zu versetzen und in dieser Angst oder dem Schrecken zu halten. Durch immer und immer wiederkehrende Wiederholungen der, aus ihrer Sicht dazu geeigneten Handlungen und Maßnahmen, soll das logische und analytische Denken und der freie Wille dieser Personen unterdrückt und gelähmt werden.
Aus der Geschichte heraus ist bekannt, dass eine Lüge, nur oft genug und lautstark wiederholt, schließlich von der bedenkenlos konsumierenden Masse der Menschen geglaubt wird.

Machen Sie sich von diesen, für den frei und humanistisch denkenden Menschen meist ganz klar auf der Hand liegenden, Manipulationen frei.

„Nur das Unbekannte ängstigt den Menschen. Sobald man ihm die Stirn bietet, ist es schon kein Unbekanntes mehr.“
Antoine de Saint-Exupéry

In dem im Jahre 1900 erschienenen Kinderbuch „The Wonderful Wizzard of Oz“ (im Deutschen allgemein als „Der Zauberer von Oz“ bekannt) des US-amerikanischen Schriftstellers Lyman Frank Baum entpuppt sich der große Zauberer auch nur als kleiner alter Mann, der sich hinter einem Vorhang versteckt. Das furchterregende Abbild des Zauberers war und blieb einfach nur sein Fantasiegebilde.
Machen Sie es genau so. Ziehen sie die scheinbaren ‚Zauberer‘ und scheinbaren ‚Magier‘ dieser Welt hinter deren Vorhang hervor. Meist bleibt dann nicht mehr viel von dem, was uns Angst machen sollte.

LERNEN SIE WIEDER MIT DEM HERZEN ZU SEHEN.

„Man sieht nur mit dem Herzen gut. Das Wesentliche ist für die Augen unsichtbar.“
‚Der kleine Prinz‘ – Antoine de Saint-Exupéry

Je mehr Menschen sich davon frei machen und eben nicht mehr diesen Lügen und sogar ganzen Lügengebäuden dieser egoistisch und selbstbesessen denkenden und handelnden Wesen und Personen Glauben schenken, desto mehr gleiten diese in die Wut ab. In die Wut darüber, dass ihre Lügen eben nicht mehr so wohlfeil und leichtgläubig konsumiert werden. Je mehr Menschen sich davon frei machen, desto schneller und kürzer ist dann der Weg dieser Wesen bis zum allesumspannenden Hass. Und an dieser Stelle beginnt etwas ganz Bemerkenswertes. Unser immer noch vereinfachtes Modell des ‚Spannungsdreiecks' weicht nun dem der **‚Aufwärtsspirale'.**

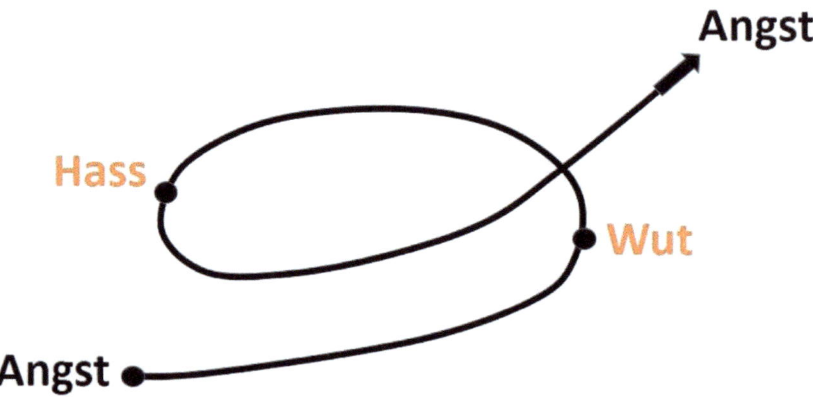

Die ‚Angst', die diese Wesen und Personen im Denken und Fühlen der Menschen wecken und schüren wollen, verwandelt sich zuerst in die oben beschriebene ‚Wut' dieser ‚Angstschürer' selbst. Dann in deren ‚Hass' und wendet sich dann, und zwar auf der nunmehr erreichten **HÖHEREN Ebene**, jetzt als ‚Angst' selbst, GEGEN diese Wesen und Personen. Die Lüge frisst die Lüge. Oder, um mit einem Zitat von Laotse zu schließen:

„Die Gewalt zerbricht an sich selbst."

Von ‚Rache' und ‚Vergeltung'

„Ärgere nicht den Wind, er könnte ‚Sturm' heißen"

Fernöstlich

Wer kennt dies nicht. Jemand hat Dich scheinbar verletzt, Dir scheinbar etwas angetan. Die Gedanken daran lassen Dich einfach nicht zur Ruhe kommen. Immer und immer wieder kreisen Deine Gedanken um dieses Thema. Selbst, wenn Du Dich mit anderen Dingen beschäftigst, kehren Deine Gedanken immer und immer wieder zu diesem Thema zurück. Stundenlang liegst Du nachts wach, obwohl Du müde bist und morgen wieder in aller Frühe aufstehen und an die Arbeit gehen wirst. Der Schlaf flieht Dich. Diese dunklen Gedanken, die von Dir Besitz ergriffen haben, vertreiben ihn immer und immer wieder und lassen Dich so nicht zur Ruhe kommen. Du fühlst Dich vielleicht ungerecht behandelt, unverstanden und gekränkt. Vielleicht schürst Du sogar Gedanken an ‚Rache' oder ‚Vergeltung'. Alles dies sind Gedanken und Gefühle, die den dunklen Kräften gestatten, sich in Dein Denken und Fühlen hineinzuschleichen. Du gewährst ihnen damit Zugang zu Deiner Seele und vielleicht sogar zu Deinem Geist. Wisse; niemand kann Deiner Seele wehtun oder sie gar verletzen, wenn Du es ihm vorher nicht gestattet hast. Dieses ‚Gestatten' kann auch auf subtile Art und so zusagen ‚unterschwellig' erfolgen, wenn Du Deinen Willen nicht in aller Klarheit definiert hast. Sei mutig und stark und erkläre Deinen freien Willen eindeutig und unmissverständlich. Wenn Du scheinbar in einem solchen Gedankenkreislauf gefangen bist, kehre zu Deiner Ruhe und Gelassenheit zurück. Sei Dir Deiner Mitte bewusst und begebe Dich unverzüglich dorthin zurück, falls Du feststellst, diesen für Dich von nun an heiligen Ort dadurch verlassen zu haben. Stelle dir die Frage: ‚WAS GENAU hat mich daran so verletzt oder gekränkt'? Begebe Dich von der Gefühlsebene, auf der man Dich scheinbar angegriffen und verletzt hat, auf die sogenannte ‚Faktenebene'. Hinterfrage alle FAKTEN des Geschehens ganz genau und sachlich! Blende dabei alle negativen Gefühle aus. Wenn man Dich auf der Gefühlsebene verletzen kann, hat man wahrscheinlich Dein EGO dort verletzt. Auch wenn wir jeden Tag an uns arbeiten und vermeinen, den Egoismus bereits aus unserem Denken und Fühlen verbannt zu haben, zeigen uns Erlebnisse wie dieses, dass wir uns NIEMALS in einem solchen Wunschdenken verlieren dürfen.

„Eingebildete Stärke ist Hochmut."
Deutsches Sprichwort

Und nach so einem aufrüttelnden Erlebnis muss man klar erkennen, dass unsere Vorstellung, den Egoismus in uns bereits überwunden zu haben, eine Illusion war, der wir erlegen waren. Diese Dinge um uns, und mit uns, geschehen nicht einfach so. Alles hat seinen Sinn. So auch dieses Erlebnis. Wir dürfen erkennen, dass wir uns von unserem entschlossenen Voranschreiten auf unserem Weg haben ablenken lassen. Dass wir, möglicherweise sogar willig, der Illusion erlegen waren, unser Ziel vermeintlich schon erreicht zu haben. Dies ist jedoch völlig normal. Die dunklen Kräfte werden Sie nicht einfach so und willfährig loslassen. SIE selbst als Mensch müssen ihren Willen, sich von diesem Wirken frei zu machen, immer und wieder aufs Neue ganz deutlich erklären und weiterverfolgen. Mache Dich frei vom Würgegriff des vermeintlichen Angreifers. Stelle Dich in Gedanken neben Dich. Betrachte Dich selbst. Betrachte Dein Wirken und Reden und Handeln, wie das eines für Dich völlig Fremden. Erkenne den Schatten auf Deinem Geist und Deiner Seele. Erkenne das in Deinem Herzen wuchernde Unkraut des Egoismus. Sei mutig und reiße es aus Deinem Herzen. Jäte es mit Stumpf und Stiel und für alle Zeiten aus Deiner Seele und Deinem Geist. Sei wie der Baum im Sturm. Weiche der Sturmböe einfach aus, ohne jedoch Deinen Dir bestimmten Platz im Universum zu verlassen. Bedenke, all diese Dinge, die dort um Dich geschehen, haben nur den einzigen Zweck: Dich von diesem für Dich heiligen Ort wegzulocken. Dich dort wegzulocken, zu entwurzeln und wie das Blatt im Wind davonzutragen.

Haben wir dies alles klar für uns erkannt, kann dir folgende Übung dabei helfen, Deine Ruhe, Deine Gelassenheit und Deine Mitte wieder zu festigen:

‚Die Liebe und das wahre Licht sind allbestimmend. Alles fügt sich zum Guten'.

Finde Deine Mitte. Alle Dinge dieser Welt dort um Dich herum sind weit, ganz weit entfernt. Sind für Dich völlig unwichtig geworden. Kein Gedanke stört mehr diese Ruhe in Dir. Atme gleichmäßig und ruhig. Konzentriere Dich dabei jedoch nur auf das Ausatmen. Lass die Luft dabei langsam und bewusst aus Deinen Lungen strömen. Langsam und gleichmäßig strömt die

Luft aus Deinen beiden Lungenflügeln. Konzentriere Dich dabei jedoch nur auf das Ausatmen. Warte geduldig, bis alle Gedanken in Dir vollständig zur Ruhe gekommen sind. Konzentriere Dich dann auf Deine Seele, Deinen Geist und das ewige Licht ganz tief in Dir. Wiederhole dieses Mantra dreimal in Gedanken und lasse es dabei jedes Mal leise in Dir nachhallen:

‚Die Liebe und das wahre Licht sind allbestimmend. Alles fügt sich nun zum Guten'.

‚Die Liebe und das wahre Licht sind allbestimmend. Alles fügt sich nun zum Guten'.

‚Die Liebe und das wahre Licht sind allbestimmend. Alles fügt sich nun zum Guten'.

Vertrauen auf die Liebe und das wahre Licht, Glaube, Liebe und Hoffnung sind die golden leuchtenden Schilde, die Dich vor dem Einfluss aller negativen Kräfte bewahren.
Lerne sie zu gebrauchen.

Langsam wird sich nun der wohltuende Schlaf auf Dich niedersenken.

Vom ‚Unglücklich-sein-wollen‘

Viele Menschen heute scheinen sich im ‚Unglücklich-Sein‘ heimisch, ja sicher und vielleicht sogar ein wenig geborgen zu fühlen. Tritt dagegen Fröhlichkeit, Unbeschwertheit, Freude und Glück in ihren Alltag, in ihr Gemüt und ihre Seele scheint etwas für diese Menschen ungewohnt. Ja scheinbar muss für diese Menschen hier etwas nicht mehr passen oder stimmen. Die Sache muss dann doch wohl noch einen Haken haben, den der Betreffende aber im Moment noch nicht erkannt zu haben scheint. Und so möchte der Glückliche dann doch lieber wieder unglücklich sein, da es für ihn ein zumindest vertrautes Gefühl zu sein scheint. In dem Buch „Die Angst vor dem Glück. Warum wir uns selbst im Weg stehen“ [10] geht der Autor Rainer Tschechne ausführlich auf diese Problematik ein und so soll dieser Aspekt unter Verweis auf dieses, aus Sicht des Verfassers sehr empfehlenswerte, Buch hier nicht weiter vertieft werden.

Wir wollen daher versuchen, uns dieser Problematik von einer etwas anderen Seite her zu nähern, eine andere Facette dieser Problematik zu beleuchten.

Das oben beschriebene Verhalten ist für uns als Menschen gar nicht so abwegig, wie man zuerst vielleicht vermuten würde. Stellen Sie sich doch einmal vor, allein in einer fremden Stadt zu sein. In einer fremden Stadt in der Sie bisher noch niemals in ihrem Leben gewesen sind. Sie gehen allein durch die ihnen fremden und menschenleeren Straßen. Sie müssen sich immer

---

[10] „Die Angst vor dem Glück. Warum wir uns selbst im Weg stehen“ – Rainer Tschechne, Verlag Langen/Müller 2003

und immer wieder neu orientieren, um ihren geplanten Weg nie an den unzähligen Kreuzungen und Abzweigungen und auf den leeren Plätzen zu verlieren. Um sich selbst nicht in dieser unbekannten und fremden Stadt zu verlieren. Ein ähnliches Gefühl stellt sich für diese Menschen, welche ja nicht oder eben noch nicht in sich selbst ruhen, ein.

„Wer tief in sich selbst ruht kann sich nicht verlieren."
Fernöstlich

Wenn wir jedoch gelernt haben, unsere negativen Gefühle zu kontrollieren und dabei ganz tief in uns selbst ruhen, fühlen wir uns immer, wie in einer uns schon seit langem bekannten Umgebung. Sicher und geborgen. Mit Leichtigkeit können wir unseren einmal geplanten Weg verfolgen. Alle Kreuzungen, Abzweigungen und Plätze, die wir auf unserem Weg zu Durchschreiten haben, sind uns schon seit langem bekannt und somit vertraut. Sicher schreiten wir so voran auf dem Weg zur Liebe und zum wahren Licht in der Dunkelheit dieses Tages.
Der Hang zum ‚Unglücklich-Sein-Wollen' führt, und dessen muss man sich ohne jeglichen Versuch, dies in irgendeiner Form beschönigen zu wollen, absolut klar sein, in den ersten Ausprägungsstufen dazu, dass der scheinbar Unglückliche Aufmerksamkeit, Anteilnahme und Mitfühlen, eben Empathie, in seiner Umwelt auslöst. „Was ist denn mit Dir... Geht es Dir nicht gut... Oh, du hast aber auch wirklich viel zu tun..." und ähnliche Anzeichen der Anteilnahme. Es kann sich somit ein fehlgeleiteter ‚Belohnungskreis' herausbilden. ‚Ich muss nur unglücklich sein oder zumindest meiner Umwelt unglücklich

genug erscheinen, dann fließen mir positive Gefühle der Anteilnahme zu‘. Das Nachlassen der Empathie in seiner Umgebung führt dann dazu, dass sich das ‚Unglücklich-Sein-Wollen‘ wieder verstärkt und so weiter. Ein ‚Teufelskreis‘ ist in Gang gesetzt. Spätestens, wenn die Umwelt damit beginnt, diesen Mechanismus zumindest zu erahnen, ist die Katastrophe für den Betroffenen kaum noch aus eigenen Mitteln und ohne jegliche Hilfe von außen aufzuhalten. Eine sich selbst verstärkende ‚Abwärtsspirale‘ ist in Gang gesetzt und zieht den Betroffenen unaufhaltsam, wie in einem Strudel, mit sich in die Tiefe und so von seinem Platz im Universum weg.

Eine Variante dieser Problematik aus dem privaten Bereich ist eine Person, die tatsächlich ‚sinn-frei‘ Sachen oder Dinge sammelt. So zum Beispiel Kataloge von Versandhäusern, Schuhketten oder aber auch Presseerzeugnisse im Zeitungsformat und dergleichen mehr, die diese Person ‚irgendwann noch einmal durchsehen will‘. So wird das Leben Desjenigen oder Derjenigen mit Katalogen, die schon zwei oder noch mehr Jahre alt sind, ‚zugemüllt‘. Der Betroffene lädt sich damit mehr Ballast auf, als er in diesem Leben jemals zu tragen im Stande sein wird. Gleichzeitig ‚nervt‘ diese Person mit den immer und immer wiederkehrenden Aussagen, dass sie ja noch so viel zu tun habe. Kleine Dinge werden so immer mehr aufgebauscht. Auf faktenbasierte Einwände bekommen wir dann meist nur eine stereotype ‚Pseudo-Antwort‘ zurück. Umgangssprachlich bezeichnet man dies meist als das ‚Aus-einer-Mücke-einen-Elefanten-machen‘.

Durch dieses Denken und vor allem aus dem ‚Darüber-ständig-klagen' zieht der Betroffene seine scheinbare moralische Rechtfertigung, diese Dinge eben nicht angehen zu WOLLEN. Dieses Problem ist auf gar keinen Fall eine neue Erscheinung. Schier unzählige Sprichworte, aus dem deutschen Sprachgebrauch beschäftigen sich, zum Teil schon seit langem, hiermit:

„Was du heute kannst besorgen, dass verschiebe nicht auf morgen."
Deutsches Sprichwort

„Mutig den Stier bei den Hörnern packen."
Deutsches Sprichwort

Sehr oft geht dieses Verhalten mit einer, meist für den Außenstehenden nicht nachvollziehbaren, ‚Sammelleidenschaft' einher. So werden hierbei irgendwelche relativ ‚sinn-freien' Dinge, wie UNMENGEN von Kissen oder UNMENGEN von Plüschtieren angehäuft.
Sollten Sie so ein Verhalten bei sich feststellen, ist es dringend erforderlich, sich einen ECHTEN ‚Verbündeten' in dieser Sache zu suchen. Vertrauen Sie sich dann am Besten ihrem Partner oder einem ihrer Kinder an. Oft haben Sie aber bereits auch ihr Partner, ihre Kinder oder ein wahrer Freund oder eine wahre Freundin darauf angesprochen. Wahrscheinlich haben Sie damals mit einer subjektiven Scheinantwort darauf reagiert.
Es ist völlig unerheblich, ob Sie selbst zu dem Entschluss, Ihr Leben von unnützem Ballast zu befreien, gekommen sind oder

ob der Anstoß durch einen Dritten erfolgt ist. Es ist **JETZT** an der Zeit, mit aller Entschlossenheit und mutig zu **HANDELN** (siehe auch die Kapitel ‚Vom Ballast abwerfen' und ‚Von Zeit und Energie').

Überführen Sie das Problem auf die Sachebene. Das heißt, dass nur OBJEKTIVE Gründe für Ihr Verhalten gelten. Solche Antworten, wie ‚Ich häufe diese Dinge an, weil es mir Freude macht', werden NICHT akzeptiert, da sie keine OBJEKTIVEN, sondern subjektive Aussagen sind. IHRE Aufgabe in dieser Sache ist es somit, sich im Vorfeld mindestens die folgenden Fragen, vor sich und der Welt ehrlich und reinen Herzens, zu beantworten:

- Warum sammle ich zum Beispiel diese Kataloge oder Zeitschriften oder auch diese Unmengen von Kissen oder Unmengen von Plüschtieren?
- Was will ich aus den VERALTETEN Katalogen oder Zeitschriften noch für mich an essentiell Neuem oder besonders Wichtigem herauslesen?
- Wäre es nicht viel schöner, wenn ich mich zum Entspannen nach meiner getanen Arbeit SPONTAN auf das, dann nicht mehr von den Kissen oder Plüschtieren oder Katalogen oder Zeitschriften ‚belagerte', Sofa legen könnte, ohne dieses erst mühevoll frei zu räumen und hinterher diese Sachen wieder genauso aufwändig darauf platzieren zu müssen?
- Wäre es nicht viel schöner, diesen ganzen Ballast abzuwerfen und hinter sich zu lassen? Sie sind dann frei geworden, ihr WAHRES Leben zu leben, anstelle sich im

selbsterschaffenen ‚Gefängnis' dieser Sachen einzuschließen.

Nachdem Sie sich so von den Gedanken des ‚Besitzen-Müssens' all dieser Dinge befreit haben, werfen Sie gemeinsam mit ihrem ‚Verbündeten' diesen Ballast einfach über Bord. Überlegen Sie im Vorfeld GEMEINSAM mit der Person ihres Vertrauens, wie diese Dinge einem vielleicht noch sinnvollen Verwendungszweck zugeführt werden können. Für Zeitschriften und Kataloge gibt es sicher eine Annahmestelle in der Nähe und auch für gut erhaltene Kissen und gut erhaltene Plüschtiere lässt sich sicher gemeinsam eine sinnvolle Nachverwendung finden.

Selbst wenn uns diese ‚Befreiung' unserer Seele und unseres Geistes möglicherweise nicht sofort und vollständig gelingen sollte, ist der erste und somit wichtigste Schritt damit bereits getan. Sie haben sich auf IHREN Weg aus dem Dunkel IHRES Tages begeben.

Lernen Sie jetzt, die Augen zu öffnen, um das Licht des kommenden Morgens zu erkennen.

Der erste Schritt ist damit vollbracht. Jetzt ist es wichtig, wirklich und wahrhaftig und konsequent, auf diesem Wege weiter voranzuschreiten.

Der Hang zum ‚Unglücklich-Sein-Wollen' kann sich in unserer heutigen Gesellschaft aber auch im Arbeitsleben, dort jedoch auch als scheinbar völlig anderes, und dabei oft zu Unrecht kaum beachtetes, Symptom äußern. Dem ‚Präsentismus'.

‚Präsentismus' als eine der möglichen Vorstufen und Wegbereiter zum ‚Burn-Out-Syndrom'. ‚Präsentismus' und als sein Gegenpol - die ‚Totalverweigerung' desjenigen.
Unter ‚Präsentismus' versteht man üblicherweise eine UNVERLANGTE Anwesenheit des jeweiligen Arbeitnehmers am Arbeitsplatz oder, meist noch typischer, am Arbeitsort allgemein. Vielleicht haben Sie so eine Verhaltensweise schon einmal bemerkt. Der betreffende Arbeitnehmer ist oft viel zu früh, oder noch häufiger, noch weit nach Arbeitsschluss und sogar an freien Tagen am Arbeitsort anzutreffen. (‚Ich habe ja noch so viel zu erledigen'.) ‚Präsentismus' schraubt sich dabei über mehrere Stufen bis in den bedenklichen, weil schon selbstzerstörenden, Zustand aufwärts. In der finalen Stufe kann ‚Präsentismus' paradoxerweise sogar plötzlich in den Gegenpol, die ‚Totalverweigerung', umschlagen. Der Betroffene versucht sich dann allen Maßnahmen, sogar seiner tatsächlichen Arbeitsaufgabe, meist unter Vorgabe fadenscheiniger Gründe, zu entziehen
In der ersten Phase des ‚Präsentismus' hat der Betroffene meist noch ein wenig ‚liegengebliebene' Arbeit als ‚moralischen Vorwand' vor allem sich selbst gegenüber zu bewältigen. Die Abarbeitung dieser liegengebliebenen Arbeit ist aber schon NICHT mehr der treibende Punkt. Es geht dem vom ‚Präsentismus' Befallenen bereits jetzt in erster Linie um das ‚Am-Arbeitsplatz-gesehen-werden'. So werden hier die, sonst während der Arbeitszeit üblicherweise geschlossenen, Bürotüren aufgelassen. Es wird Licht in weiteren Räumen eingeschaltet, lautstark telefoniert und dergleichen mehr. Meist schon in der nächsten Phase beginnt der Betroffene damit, allen

eintreffenden oder noch am Arbeitsplatz verbliebenen Kollegen und Kolleginnen, fast immer unaufgefordert, zu erklären, wie früh er heute schon im Büro war, oder wie lange er hier noch ‚gestern Abend gesessen und gearbeitet' habe. Dies sind meist schon die ersten Erscheinungen eines beginnenden ‚Burn-Out-Syndroms'. Der jeweilige Arbeitnehmer hat möglicherweise, und nur aus dem Blickwinkel der Arbeitswelt betrachtet, Über- bzw. Unterforderungsprobleme und versucht diese, möglicherweise durch dieses Verhalten, in erster Linie meist vor sich selbst, moralisch zu rechtfertigen. Im ausgeprägten Stadium des ‚Präsentismus' geht es dem Betroffenen in der Regel überhaupt nicht mehr um den Vorwand der liegengebliebenen Arbeit oder um die Arbeit überhaupt. In vielen Fällen kann man im wahrsten Sinne des Wortes davon ausgehen, dass der Betroffenen regelrecht nur noch auf die anderen Kollegen wartet (lauert), um seine immer und immer gleiche Geschichte ‚loszuwerden'. Der ‚Präsentismus' wird dabei oft sogar noch von einem, meist völlig unmotivierten, ‚Aktionismus' begleitet. Der Betroffene tritt ungezählte, aktionistische' Maßnahmen los, welche meist nur eine Mehrbelastung der anderen Kollegen und Kolleginnen bedeuten. Tauchen dabei die ersten Probleme auf, klinkt sich der ‚Aktionist' meist sofort aus dem von ihm initiierten Prozess aus. Dies führt schlussendlich zu einem ‚Meiden' oder zu der ‚Vereinsamung' des Betroffenen. Jetzt endlich kann der Betroffene mit Fug und Recht behaupten, dass ihn die anderen Kollegen und Kolleginnen ‚ablehnen' (nicht mögen) würden und dass er sich unverstanden fühlt, was ja von Anfang an **das Ziel** seines, für ihn in dieser Stufe TATSÄCHLICH noch UNBEWUSSTEN HANDELNS war.

Und so schließt sich hier der Kreis zu unseren Eingangsbetrachtungen. Der ‚Präsentismus‘ oder, in der Weiterführung dieser Handlungsweise, der drohende ‚Burn-Out‘ sind einfach nur Extremformen des ‚Unglücklich-Sein-Wollens‘. Oftmals werden jetzt solche Betroffenen tatsächlich auch noch Opfer einer Mobbingattacke. Mit ihrem ‚nervenden‘ Verhalten und der daraus resultierenden Isolierung im Arbeitskollegium, signalisieren sie den potentiellen ‚Mobbern‘, ein scheinbar leichtes ‚Opfer‘ zu sein. In gar nicht so seltenen Fällen sind sie damit sogar das ideale Opfer eines ‚mobbenden‘ Vorgesetzten. Interessanterweise können die Betroffenen als Mobbingopfer selbst und sogar gleichzeitig Mobber gegenüber vermeintlich Schwächeren werden und sein, womit sich das scheinbare Chaos vervollständigt hat. Schlimmer scheint es nicht mehr zu gehen und so ist es jetzt an der Zeit, Lösungsstrategien und Auswege aus dieser Misere und ähnlich gelagerten Problemen aufzuzeigen.

Wenn man ein wucherndes Unkraut aus seinem Garten entfernen will, nützt es in der Regel (fast) nichts, dort Blätter oder Zweige abzureißen. Alles Übel der Menschheit kann man nur überwinden, wenn man es mit FESTEM GRIFF und ENTSCHLOSSEN an der WURZEL anpackt und KOMPLETT MIT STUMPF UND STIEL AUSREISST, JA AUSROTTET. Das ‚Pflücken‘ von Blättern oder das ‚Absägen‘ von Ästen, mag zwar für den Moment das Symptom etwas zu lindern, wahre Abhilfe erreicht man damit jedoch nicht. Solche Maßnahmen gleichen nur dem Patienten mit akuter Blinddarmentzündung, der wegen der Schmerzen, zum Arzt geht. Wenn ihm jetzt der Arzt nur ein

Schmerzmittel aufschreiben würde, wären zwar die Symptome gelindert, aber das Problem wäre damit noch nicht auch nur im geringsten ‚angegriffen' worden. Jeder Kompromiss hier, würde das Problem wieder erscheinen lassen. Und so ist es auch bei den menschlichen und gesellschaftlichen Problemen.
Um die Wurzel ‚mit festem Griff' anpacken zu können, müssen wir zuerst einmal wissen, **wo** diese genau liegt.

Drei Probleme bzw. Ursachen und **eine Vermutung** lassen sich aus unserem ‚Fall' aus dem Arbeitsleben zunächst ableiten
Die Vermutung haben wir eben schon geäußert. Wir vermuten ein (noch unbewusstes) ‚Unglücklich-Sein-Wollen' derjenigen Person.
Nun bliebe noch, die Probleme bzw. die Ursachen dafür zu suchen. Gehen Sie einmal in Gedanken die schon hinter ihnen liegenden Kapitel dieses Buches durch. Oder, meist noch besser, blättern Sie nochmals ALLE bereits hinter ihnen liegenden Kapitel dieses Buches langsam und von Anfang an durch. Erinnern Sie sich dabei, zum Beispiel an Hand der Überschriften, an den Inhalt der jeweiligen Abschnitte. Welche der dort genannten NEGATIVEN Eigenschaften hat unsere vom ‚Präsentismus' und ‚Aktionismus' befallene Person wohl noch nicht überwunden? Welche POSITIVEN Eigenschaften wohl noch nicht erreicht?

Wir haben ja schon gelernt, so weit wie nur irgend möglich, positiv zu denken und zu handeln. Lassen Sie uns daher mit den **POSITIVEN** Eigenschaften, die mit hoher Wahrscheinlichkeit, **noch nicht erreicht** wurden beginnen ;-)

- Die Person scheint sich noch nicht selbst, im Sinne des Kapitels ‚Vom Sich-selbst-lieben', zu lieben. Scheint noch sehr weit von der völligen inneren Ausgeglichenheit entfernt (der ‚Selbstempfunden Gutmensch' und dessen (eingebildete) äußere Wahrnehmung sind wichtiger, als die wahre Liebe zu sich selbst)
- Die Person scheint nicht in sich selbst zu ruhen, jede äußere Einwirkung lässt die Person, wie einen ‚Gummiball umherhüpfen' (sinnloser ‚Aktionismus')

Leider scheint diese Person von einer **NEGATIVEN** Eigenschaft dominiert zu werden. Ist wahrscheinlich Spielball dieses **noch nicht überwundenen Gefühls:**

- Unsere Person ist scheinbar von der **Angst** dominiert. Die Angst, nicht als ‚Gutmensch' und nicht als ‚Guter' wahrgenommen zu werden, kann hier treibendes Element geworden sein.

Wenn wir als Start-These annehmen, dass unsere vorstehenden Annahmen tatsächlich zutreffend sind, wird unsere Person zunächst einmal nicht umhin kommen, professionelle Hilfe seitens eines Psychologen des Vertrauens in Anspruch zu nehmen. Irgendwo in der Vergangenheit dieser Person muss der Auslöser, die Ursache dieser **Angst** und somit die **WURZEL** dieses Problems liegen.
Vor einigen Jahren hatte der Verfasser ein Gespräch mit einem sehr guten Freund. Dieser hatte Probleme an der Arbeitsstelle, welche jedoch andersgeartet, als die hier dargestellten waren.

Er hatte für sich, als scheinbare Ursache, ein Problem mit einem sehr dominanten Elternteil ausgemacht und suchte jetzt Rat im Gespräch unter Freunden. Der Verfasser riet ihm damals, zuerst einmal die professionelle Hilfe eines Psychologen in Anspruch zu nehmen und gab dazu eine Empfehlung ab.
Die Lösung des von ihm als vermeintliche Ursache ausgemachten Problems dauerte genau EINE Sitzung. In den darauf folgenden Sitzungen löste der Psychologe das TATSÄCHLICHE Problem auf.

Zuerst einmal professionelle Hilfe in Anspruch zu nehmen dürfte somit in den allermeisten Fällen eine gute Idee sein. :-)
Ist die TATSÄCHLICHE Ursache, die Wurzel, gefunden und freigelegt, ist es jetzt an IHNEN, die eigentliche Aufgabe zu lösen. Reißen Sie die freigelegte Wurzel mit ‚Stumpf und Stiel' aus ihrem Herzen, ihrer Seele und aus ihrem Geist heraus.
Dieses Buch will versuchen, Sie, zumindest als ein Teil der notwendigen Hilfe, dabei zu unterstützen.

Zwischen ‚Depression' und ‚Euphorie'

„Es ist besser, ein Licht zu entzünden, als auf die Dunkelheit zu schimpfen."

Konfuzius

Einige Menschen heute, oft sogar junge Frauen, sind möglicherweise in einem doppelten Kreislauf zwischen Depression, Angst und Euphorie gefangen. Forscht man dazu in der Fachliteratur nach, scheinen die Ursachen hierfür vielfältig und, zumindest nicht im Rahmen dieser Betrachtungen hier, einfach erklärbar.

Betrachtet man die, uns nun schon zum Teil vertraute, Grafik auf Seite 118, fällt folgendes sofort auf: Depression und Euphorie sind zwei der extremsten Gefühle, die wir als Menschen überhaupt besetzen können. Wenn wir selbst einmal unser tägliches Leben Revue passieren lassen, kommen wir sicher zu der Erkenntnis, dass wir im normalen Alltag diese Extrempunkte unseres Gefühls nie, oder zumindest äußerst selten, erreichen. Wenn dies tatsächlich einmal der Fall gewesen sein sollte, hielt dieser Zustand in der Regel nur eine sehr, sehr kurze Zeitspanne über an. Sind wir, bevor wir uns auf den Weg zum inneren Licht im Dunkel unseres Tages aufgemacht haben, doch einmal in der Angst gewesen, war ein Abgleiten in eine, dann sicher nur kurz anhaltende, Depression zumindest theoretisch möglich. Wohl kaum jemandem ist dabei jedoch ein weiteres ‚Überschnappen' der Gefühle über die soeben bereits schon einmal als Auslöser durchlebte ‚Angst' zurück und nun in die ‚Euphorie' hinein begegnet. Denken Sie

einmal selbst darüber nach. Können Sie sich ‚Angst' als Vorstufe zur ‚Euphorie' im normalen Alltag vorstellen?
Über das Element ‚Angst' sind ‚Depression' und ‚Euphorie' hier unüblicher Weise zwangsweise mit der ‚Aggressionsgruppe' verbunden, obwohl ‚Depression' und ‚Euphorie' ihrem Wesen nach **KEINE** Gefühle mit Aggressionspotential sind.

Das Denken eines in einer depressiven Phase leidenden Menschen ist in der Regel nach innen gerichtet. Im Zustand der ‚Euphorie' dagegen möchte der Betroffene im übertragenen und manchmal sogar im wörtlichen Sinne, ‚die ganze Welt umarmen'.
Geht man von der nachstehenden Grafik aus, scheinen zuerst einmal vier Dinge aufzufallen:

1. ‚Depression' und ‚Euphorie' sind hier unüblicher Weise über das Element ‚Angst' mit der Aggressionsgruppe verbunden, obwohl diese ihrer Natur nach KEIN Aggressionspotential besitzen
2. ‚Wut' und ‚Depression' sind diametrale Gefühle und liegen jedoch gemeinsam auf der einen Seite der ‚Angst'
3. ‚Hass' und ‚Euphorie' sind ebenfalls diametrale Gefühle und liegen zusammen auf der gegenüberliegenden Seite der ‚Angst'
4. Der zentrale Angelpunkt zwischen ‚Depression' und ‚Euphorie' ist jedoch immer die ‚Angst'

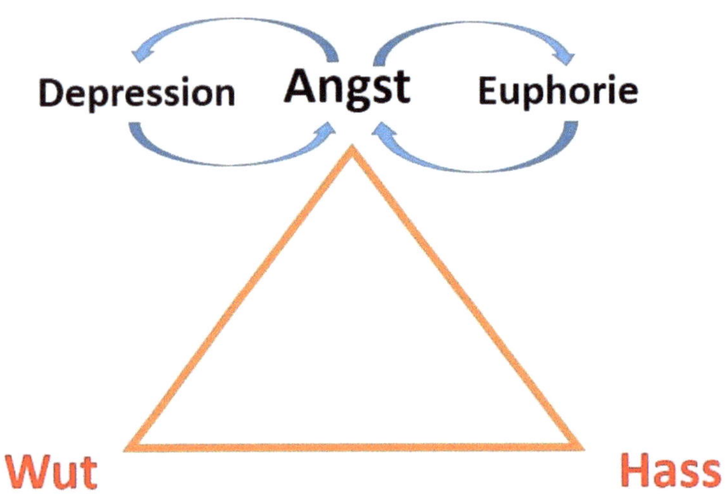

Der doppelte Kreislauf aus ‚Depression', ‚Angst' und ‚Euphorie' stellt übrigens die Form einer ‚liegenden Acht' dar. Das Zeichen für ‚Unendlich'. Befreien Sie sich aus diesem scheinbar ‚unendlichen Kreislaufgefängnis' ihrer Gedanken!

Fast scheint es so, als ob die ‚Depression' und die ‚Euphorie' als ‚Ersatzgefühle' für die vom ‚bivalenten Patienten' nicht mehr erreichbaren Gefühle ‚Wut' und ‚Hass' wirken würden. Könnte es sein, dass dadurch, dass die Seiten und somit die ‚Polaritäten' gegenüber den dort üblicherweise anzutreffenden Gefühlen vertauscht sind, die Schwere dieser Erkrankung bedingt ist? Betrachtet man nochmals die Aufzählung, fällt weiterhin auf, dass besonders der vierte und letzte Punkt einen möglicherweise interessanten Ansatz darzustellen scheint.

Sollten alle vorher getroffenen Annahmen tatsächlich zutreffend sein, würde dies dann nicht bedeuten, dass die endgültige und vollständige Überwindung der ‚Angst' den gesamten und doppelten ‚Teufelskreis', die ‚liegende Acht' zwischen ‚Depression' und ‚Euphorie' beenden würde, da ja das nötige Verbindungselement, das Bindeglied zwischen beiden, die ‚Angst' nicht mehr in uns ist?

Würde sich dann nicht die gesamte ‚Aggressionsgruppe' für diesen Menschen auflösen und der Erkrankung jede weitere Grundlage entzogen werden? Würden dann nicht die Gefühle ‚Depression' und ‚Euphorie' an die ihnen zugedachten Plätze in uns zurückkehren?

Wäre dann die vollständige und endgültige Überwindung der ‚Angst' dann nicht auch das Ende allen Leidens zwischen ‚Depression' und ‚Euphorie'?

Falls Sie unter solchen depressiven Erscheinungen leiden sollten, durchbrechen Sie beim nächsten Mal doch einfach einmal diesen ‚Teufelskreis'. Wenn Sie sich, gewohnter Weise, wieder einmal an einem Ihrer Lieblingsplätze in Ihrer Wohnung ‚vergraben' wollen, holen Sie sich doch einfach Hilfe von einem Ihrer besten und dabei uneigennützigsten Freunde in dieser Sache.
Gehen Sie in die Natur hinaus und wandern Sie einfach ein Stück durch einen Wald in Ihrer Nähe. Wenn Sie möchten, umarmen Sie doch auch einfach einmal einen Baum. Sie werden erstaunt sein, wie schnell sich dieser depressive Zustand von Ihnen

‚verabschiedet'. Die Ruhe, der Frieden und die Liebe der uns umgebenden ursprünglichen Natur sind wahre Heilmittel für unsere Seele und unseren Geist.

„Die Liebe ist so mächtig, dass sie die ganze Natur mit ihren Botschaften beauftragen kann!"
Victor Hugo

Von der ‚Digitalen Depression‘

Sind wir mit einem Menschen zusammen, mit dem, wie man umgangssprachlich sagt, ‚die Chemie stimmt‘, interagieren wir untereinander zum Beispiel in einer Unterhaltung, in einem **persönlich** geführten Gespräch.

Genauer gesagt interagieren wir auf der, durch unsere Sinne wahrnehmbaren Ebene, durch Worte und Gesten, aber zum Beispiel auch durch Gerüche, Wärmestrahlungen, vielleicht sogar Berührungen und dergleichen. Solche Formulierungen aus einer Unterhaltung, wie: ‚ich kann Dich gut riechen‘ oder das Gegenteil hiervon: ‚Du stinkst mir‘ sind umgangssprachlicher Ausdruck hiervon.

Bei der spontanen und persönlichen Partnerwahl können solche Faktoren eine, wenn meist auch für die beiden Beteiligten unbewusste, Rolle spielen. Die Umgangssprache bietet hier wahrlich genügend Beispiele und so wollen wir dieses Aufzählung mit der Aussage: ‚...und plötzlich hat es bei uns BEIDEN gefunkt‘ schließen.

Der Interaktionen in dem Bereich der Sinneswahrnehmung sind wir uns also, der eine mehr und der andere weniger, BEWUSST. Werden wir jedoch darauf aufmerksam gemacht, können wir diese in der Regel so auch selbst nachvollziehen.
Was jedoch nicht so offensichtlich zu sein scheint, ist **die wahre Interaktion HINTER all diesen Erscheinungen**. Das Interagieren unserer Energiefelder bei einem persönlichen Gespräch, also bei

einem Gespräch, bei dem sich beide Gesprächspartner auch physisch nah sind.

Vielleicht haben Sie schon einmal den Begriff ‚im Flow sein' gehört oder sogar selbst schon gebraucht. Unter ‚Flow' wird dabei üblicherweise das positive und glückliche Gefühl verstanden, welches sich immer dann einstellt, wenn wir zum Beispiel zusammen mit Freunden einen schönen Tag oder einen schönen Abend verbracht haben oder noch verbringen.
Der Begriff ‚Flow' bringt es tatsächlich exakt auf den Punkt, auch wenn wir vielleicht bisher noch nicht darüber nachgedacht haben. ‚Flow' entspricht dem ‚Fließen' bzw. ‚im Fluss mit jemandem sein'. Es fließt also Energie zwischen zwei oder mehr Menschen hin und her. **Unsere Energiefelder interagieren miteinander.**

Beachten Sie jedoch, dass sich dieses positive und glückliche GRUPPEN-Erlebnis in der Regel NICHT bei solchen Aktionen, wie ‚Bungy-Jumping', ‚Free-Fall-Tower', ‚Fallschirmspringen' oder dergleichen einstellt, selbst wenn dieses gemeinsam als Gruppe erlebt wird. Hier zieht in der Regel nur der EINZELNE seinen PERSÖNLICHEN ‚Kick' aus der jeweiligen Aktion. Dies darf man niemals mit den heilenden Kräften, die wir in einem persönlichen Gespräch durch die Interaktion unserer Energiefelder gewinnen können, verwechseln.

Das Phänomen des ‚Flow':
Vielleicht haben Sie dieses Phänomen schon einmal selbst in einer Unterhaltung im ‚Flow' bemerkt. Der eine

Gesprächspartner beginnt einen Satz, stockt dann plötzlich und der andere Gesprächspartner vollendet dann diesen Satz. Oftmals werden sogar dieselben, ursprünglich vom ersten Sprecher vorgesehenen, Worte verwendet, um diesen Gedanken zu Ende zu bringen.

Das dies weit mehr, als bloße Semantik, die einfache und logische Anwendung von Satzbauregeln ist, wird sogleich absolut klar werden.
Vielleicht erinnern Sie sich noch an ihre Fahrschule zur Erlangung irgendeiner Fahrerlaubnisklasse. Dort lernt man, dass der Mindestabstand zum Vorausfahrenden in der Regel mindestens dem ‚Tachoabstand' entsprechen muss, weil der Mensch im Durchschnitt über eine Reaktionszeit, also die Zeit vom Erkennen einer Gefahr bis zum Bremsbeginn, von ungefähr einer Sekunde verfügt.
Währens eines Gespräches im ‚Flow', also wenn unsere Energiefelder in Interaktion getreten sind, führt der zweite Gesprächspartner den Satz typischerweise SOFORT und ohne jede Unterbrechung und, sogar im SATZFLUSS PASSEND, zu seinem beabsichtigten Ende.

Dies gilt jedoch, und wie eingangs bereits dargelegt, NUR und AUSSCHLIESSLICH bei PERSÖNLICH geführten Gesprächen, bei denen BEIDE Gesprächspartner sich in PHYSISCHER Nähe befinden.
Bei Gesprächen über elektronische Medien (Telefon, Video-Call, Chat, Soziale Netzwerke und dergleichen) gilt dies jedoch nicht. Die Gesprächspartner sind hierbei physisch und auch räumlich

getrennt, die Energiefelder können somit nicht interagieren. Man sieht so zum Beispiel bei einem Videoanruf zwar den anderen Menschen, ‚spüren' kann man ihn jedoch nicht. Neuere Forschungen gehen daher davon aus, dass die von einem großen Prozentsatz dieser Menschen gefühlte Vereinsamung ein Ergebnis dieses ‚Nicht-mehr-agieren-könnens' unserer Energiefelder ist. Diese Erscheinung wird heute üblicherweise als ‚Digitale Vereinsamung' oder auch ‚Digitale Depression' bezeichnet.

Agieren und interagieren Sie ab sofort wieder persönlich und in der dazu tatsächlich erforderlichen physischen Nähe. Dann werden Sie schon nach kurzer Zeit wieder in der Lage sein, den anderen im Gespräch wieder als Menschen wahr zu nehmen, tatsächlich wieder als Menschen zu ‚spüren'.

Dritter Teil

Auf dem Weg zur Liebe, zur Wahrheit und zum wahren Licht

„Der Mann, der den Berg abtrug, war derselbe, der anfing, kleine Steine wegzutragen."
Konfuzius

In den vorstehenden Kapiteln haben wir uns mit den wichtigsten, weil am stärksten wirkenden, negativen Gefühlen beschäftigt und uns mit deren Überwindung in unserem Denken, Fühlen und Handeln befasst.
Wir haben dabei, und auf dem jetzt bereits zurückliegenden Weg, GEMEINSAM versucht, uns dieser, bisher in uns wirkenden, negativen Gefühle BEWUSST zu werden. Uns der negativen Gefühle, die uns bisher beherrscht haben, aber auch der negativen Gefühle, die nur noch schwach in uns wirken konnten, tatsächlich und wahrhaftig bewusst zu werden.
Diese BEWUSSTHEIT ist und bleibt die Grundlage, für eine erfolgreiche und endgültige Abkehr von diesen dunklen Gefühlen. Lassen Sie es niemals mehr zu, dass sich diese negativen Gefühle wieder in ihr Denken, Fühlen und Handeln, in ihre Seele und ihren Geist ‚zurückschleichen' können.
Auf diesem bisherigen Weg haben wir gelernt, uns von diesem BALLAST für immer und alle Zeiten frei zu machen, diese negativen Gefühle für immer aus unserem Denken, unserem Herzen, unserer Seele und unserem Geist ‚mit Stumpf und Stiel' herauszureißen.
Von nun an ist es uns somit möglich, auf dem Weg der Liebe, der Wahrheit und des wahren Lichtes mutig und entschlossen weiter voranzuschreiten. Dieser Weg, welcher zugleich auch ein Teil des in der Ferne jetzt schon deutlich zu erkennenden Zieles selbst ist, bringt uns von nun an jeden Tag ein kleines Stück dem golden leuchtenden Tor mit der Aufschrift ‚ZIEL DEINES LEBENS' näher.
Von nun an gilt es, jeden Tag, jede Stunde und jeden Augenblick die positiven Gefühle in uns immer weiter zu entwickeln.

So, wie uns das deutsche Sprichwort schon lehrt:

„Der erste Gedanke ist immer der Richtige"
Deutsches Sprichwort

...müssen auch wir wieder lernen unserer inneren Stimme und unserer Intuition, und zwar ohne jegliches ‚Wenn' und ‚Aber', zu folgen. Wenn wir unserer inneren Stimme und unserer Intuition tief in uns selbst folgen, sprechen hiermit unsere Seele und unser Geist direkt zu unserem Bewusstsein. Sinnen wir dagegen erst über den ersten Gedanken, die erste Regung in uns nach, treten anerzogene und erworbene, manchmal sogar von außen manipulierte, Mechanismen in Aktion, die uns von unserem Festpunkt im Universum, dem einzigen Punkt im Universum, an dem wir den Himmel mit der Hand erreichen können, wegbewegen wollen.
Auch wenn wir von nun an ehrlichen Herzens jeden Tag mit all unserer Kraft versuchen werden, den negativen Gefühlen keinen Raum mehr in uns zu geben, werden diese Gefühle uns noch geraume Zeit umschleichen und belauern. Dem Sturmwind gleich, werden diese negativen Gefühle immer und immer wieder prüfend an unseren gut verschlossenen ‚Fensterläden' rütteln. Werden immer und immer wieder versuchen, sich wieder in unser Denken, Fühlen und Handeln zurück zu schleichen. Sollten Sie dieses, auch nur ansatzweise, bei sich wahrnehmen, formulieren Sie ihren freien Willen eindeutig, klar und unmissverständlich. Sprechen Sie ganz klar aus, dass diese negativen Gefühle dort draußen bleiben werden. Ein kurzes Mantra kann uns dabei helfen. Es ist in fast jeder alltäglichen

Situation anwendbar; nun vielleicht nicht gerade beim Autofahren und ähnlich gelagerten Aktivitäten ;-)

Einfaches Hilfe-Mantra für den Alltag:

Atme ruhig ein und aus. Kontrolliere dabei bewusst Deine Atmung. Konzentriere Dich dabei jedoch IMMER nur BEWUSST auf das AUSATMEN.
Hast Du Deine innere Ruhe und Ausgeglichenheit gefunden, spreche jetzt in Gedanken folgendes:

‚Ich werde mir meiner Ruhe und meines Festpunktes im Universum BEWUSST. Alle meine Gedanken und Gefühle kommen nun zur Ruhe. Wohltuende Ruhe und Ausgeglichenheit erfüllt mich. Ist überall in mir zugleich zu spüren'

‚Die Liebe und das wahre Licht sind allbestimmend und alles Böse bleibt außen vor'

‚Die Liebe und das wahre Licht sind allbestimmend und alles Böse bleibt außen vor'

‚Die Liebe und das wahre Licht sind allbestimmend und alles Böse bleibt außen vor'

Lasse diese Gedanken noch einige Herzschläge lang in Dir verhallen und lausche dem Echo der verhallenden Gedanken tief in Dir selbst... Atme jetzt mehrfach tief ein und aus.
Der Fokus liegt jetzt jedoch auf dem EINATMEN.
Jetzt, wo der umklammernde Griff der dunklen Gedanken und dunklen Gefühle um Deine Seele wieder gewichen ist, wirst Du Dir dieser Umklammerung erst vollständig bewusst.

Sprich jetzt in Gedanken folgendes:

„Ich WILL und ich WERDE auf dem Weg der Liebe, der Wahrheit und des wahren Lichtes IMMER WEITER VORANSCHREITEN. Dies ist mein freier Wille.“

Von der ‚wahren Liebe'

„Am Anfang war das Wort
und das Wort war bei GOtt
und GOtt war das Wort.
Dasselbige war am Anfang bei
GOtt.
Alle Dinge sind durch dasselbige
gemacht, und ohne dasselbige ist nichts
gemacht, was gemacht ist.
In ihm war das Leben, und das
Leben war das Licht des Menschen.
Und das Licht scheinet in die Fin-
sterniß
und die in der Finsterniß haben es nicht gesehen..."
Johannes-Evangelium [11]

Die Liebe ist das einzige Gefühl, dass immer mehr wächst, je mehr man davon freigiebig an die verteilt, die unserer echten und wahren und reinen Liebe wahrhaftig wert sind.

„Die wahre Liebe verausgabt sich nicht. Je mehr du gibst, umso mehr verbleibt dir."
Antoine de Saint-Exupéry

[11] Die Bibel - Neues Testament, Nach der Übersetzung von Dr. Martin Luther, Verlag Canstein, Halle/Saale, Ausgabe 1890

Die wahrhaftige Liebe ist dabei wie ein klarer Kristallspiegel, in dem sich alle Dinge in ihrer WAHREN Natur, dem wahrhaft Göttlichen in ihnen, widerspiegeln.

Es gibt Wesen und Menschen, die ein klares und golden strahlendes Abbild in diesem Spiegel erzeugen. Dagegen sind uns jedoch, zum Beispiel aus der Literatur, Fälle bekannt, dass Wesen und auch Menschen überhaupt kein Abbild (mehr) im Spiegel (der Wahrheit) besitzen. [12]

Die wahre Liebe ist das reinste Gefühl, über das wir Menschen überhaupt (derzeit) verfügen.
Es ist unmöglich, dass sich in der reinsten Form der wahren Liebe irgendwelche negativen Gefühle oder Gedanken einschleichen können.

„So vermag ich den wahrhaft Liebenden daran zu erkennen, dass er nicht gekränkt werden kann.“
Antoine de Saint-Exupéry

Wisse, dass selbst die dunklen Kräfte NIEMALS Deine Gedanken ‚lesen‘ können, die der göttlichen Liebe tief in Dir selbst entspringen.

Die wahre Liebe, die göttliche Liebe tief in uns selbst, ist somit unser größter Schatz und zugleich unser stärkster Schild gegen

---

[12] Der Verfasser bezieht sich hier auf ein Werk von E.T.A. Hoffmann – ‚Die Geschichte vom verlorenen Spiegelbild‘

die negativen Gefühle und Kräfte im Dunkel dieses Tages. Dieser Schild kann, wenn es unsere Aufgabe vom Universum erforderlich macht, jederzeit zu einer alles Böse hinwegfegenden Waffe in der Hand eines Auserwählten werden. Vielleicht ist dem einen oder anderen aus seinem Geschichtsunterricht, noch die ‚Varus-Schlacht' im Teutoburger Wald ein Begriff.
Im Jahre NEUN, also NEUN Jahre nach der Auferstehung Christi, zerbrach in dieser Schlacht der damals jahrhundertelang erschaffene und, bis zu diesem Ereignis immer noch geltende, Nimbus von der ‚Unbesiegbarkeit der römischen Armee' in kürzester Zeit. Gleichzeitig soll in dieser EINZIGEN Schlacht ein Achtel des Römischen Gesamtheeres von einer Minderzahl Germanen vernichtet worden sein. Aus Sicht des Verfassers lohnt es sich immer, sich mit den genauen Umständen dieser Schlacht zu befassen. :-)

Auch, wenn dies Arminius wohl in seinem irdischen Leben so nicht mehr bewusst werden konnte, hatte er als ‚Auserwählter' damit den beginnenden Untergang des Römischen Reiches nach außen hin ‚eingeläutet'.

Vom ‚wahren Licht' in der Dunkelheit dieses Tages

Um im Dunkeln, um in der Dunkelheit dieses Tages, sicher voranschreiten zu können, werden wir dabei vom wahren Licht geführt und geleitet. Immer, wenn wir dieser Stimme tief in unserem Inneren folgen und uns durch nichts hiervon abbringen lassen, schreiten wir mächtig und machtvoll auf dem Weg des wahren Lichtes voran. Voran und auf unser in der Ferne schon leuchtendes Tor mit der Aufschrift ‚Ziel deines Lebens' zu. Hierbei müssen wir uns jedoch hüten den ‚dunklen Lichtbringern' und dem ‚dunklen Licht' zu folgen. Schon aus der ‚Prometheus'-Sage [13] ist uns bekannt, dass die Menschheit insgesamt immer BEREIT für weitere Gaben der Götter sein muss. Wird uns dabei eine Gabe, welche vom Universum für einen späteren Zeitpunkt vorbehalten oder vorgesehen ist, von irgendwelchen ‚dunklen Lichtbringern' zu frühzeitig zugänglich gemacht, ist unser vorbestimmter Weg zum göttlichen Licht in der Dunkelheit dieses Tages gestört.

Ein einfaches Beispiel aus dem Privatbereich soll dieses verdeutlichen. Angenommen, Sie leben mit ihrer Familie auf einem Gehöft. Hinter dem Haus befindet sich noch eine mit Stroh und Heu gefüllte Scheune, in der Ihre noch kleinen Kinder bei schlechtem Wetter gern und oft spielen. Während Sie im Haus beschäftigt sind, kommt jetzt ein Fremder auf Ihr Gehöft. **Einer jener ‚dunklen Lichtbringer'.**

---

[13] Die Prometheus-Sage hat u.a. zum Inhalt, dass Prometheus, aus dem Titanen-Geschlecht stammend, den Menschen gegen den Wunsch des ‚Göttervaters Zeus' das Feuer gebracht haben soll

Den spielenden Kindern in der Scheune führt er ein paar ‚Taschenspieler-Kunststückchen' mit Streichhölzern vor. Bevor er, genauso heimlich wie er gekommen ist, wieder unser Gehöft verlässt, schenkt er den kleinen Kindern die Packung Streichhölzer.

Was, denken Sie, will er wohl mit seinem scheinbar so ‚faszinierenden' Geschenk bewirken?

Streichhölzer in der Hand eines reifen Menschen sind ein Segen, da der REIFE Mensch jetzt über die Möglichkeit verfügt, jederzeit und an jedem Ort und, für sich und Andere zum Nutzen, Feuer zu machen.

Streichhölzer in der Hand von Kindern oder unreifen Menschen sind die dunkle Seite dieses Geschenkes. Das für uns vom Universum vorgesehene GUTE wird hierbei in das vollständige Gegenteil verkehrt. Hüten Sie sich somit immer davor, zu schnell auf ihrem Weg vorankommen zu wollen. Die Ruhe und die Ausgeglichenheit in Ihnen sind die Grundlage dafür, dass sich stets die GUTE Seite der Geschenke in unserem Leben entfalten kann. Damit wir immer vor der Verkehrung dieses Guten in sein vollständiges Gegenteil bewahrt bleiben.

Hüten Sie sich aber vor allem auch davor, mit Ihrem freien Willen Entscheidungen oder Dinge zu frühzeitig ERZWINGEN zu wollen. Das Ergebnis dieses ‚Erzwingens' würde dann immer nur den eben erwähnten Streichhölzern in Kinderhand entsprechen.

Von der ‚Wahrheit‘

***„Wahrheit ist der Weg des Himmels.
Die Verwirklichung der Wahrheit
ist der Weg des Menschen.“
Konfuzius***

Die Wahrheit und die Liebe sind die wichtigsten Geschenke, die ein Mensch in seinem Inneren bewahren kann, um stetig auf dem Weg zur Liebe und zum wahren Licht im Dunkel dieses Tages voranschreiten zu können.

Seien Sie sich jedoch immer bewusst, dass es nur EINE ALLUMFASSENDE Wahrheit gibt. Dieser allumfassenden und EINZIGEN Wahrheit wird von der Gegenseite, mit dem Versuch, eine allumfassende Lüge in denjenigen Wesen und Menschen zu erschaffen, die noch nicht im wahren Licht des kommenden Morgens wandeln, entgegenwirkt. Diese schillernde Lüge wird dabei meist als (ihre) ‚Wahrheit‘ maskiert und getarnt.

***„Für den Menschen gibt es nur eine Wahrheit, das ist die, die aus ihm einen Menschen macht.“
Antoine de Saint-Exupéry***

In allen Zeitepochen haben sich, wie wir das heute üblicherweise bezeichnen, ‚hervorragende Persönlichkeiten‘ mit der Suche nach der Wahrheit auseinandergesetzt.

Die dabei aus der heutigen Sicht heraus wirklich und nachhaltig großen Philosophen waren in ihrem Schaffen tatsächlich in der Lage, den in ihrer jeweiligen Epoche bereits wirkenden Teil der allumfassenden einzigen Wahrheit nicht nur zu erkennen, sondern auch einen mehr oder weniger großen Teil der allumfassenden Wahrheit dabei zu erfassen. Diese Philosophen waren somit in der Lage, den Weg der allumfassenden Wahrheit in einer der nachfolgenden Zeitepochen mit vorzubereiten und so zu ebnen.

Philosophie ist, wenn man es so einfach übersetzen möchte, die ‚Liebe zur Wahrheit'.

- ‚Sophia' = Wissen (absolutes Wissen = Wahrheit)
- ‚Philos' = ‚Freund von etwas' oder auch ‚Liebe zu etwas'.

Diese Bezeichnung begegnet uns in vielen, heute noch im Sprachgebrauch verwendeten Bezeichnungen.

- Philatelist = jemand, der es liebt, Briefmarken zu sammeln.
- Philanthrop = jemand, der Menschen liebt.
  Diese ‚Liebe' kann vorgegeben (siehe auch Kapitel vom ‚Selbstempfundenen Gutmenschen' aber auch ‚Von Lüge und Betrug') oder tatsächlich (dann aber im Verborgenen – die Welt kann niemals von ihm selbst erfahren, dass er Gutes für die Menschen tut) sein.

Menschen, die sich selbst als ‚Philanthrop' bezeichnen oder sich von anderen, sozusagen auf Bestellung ;-) als ‚Philanthrop' bezeichnen lassen, sollte man immer ganz genau betrachten. Diese sind in den seltensten Fällen tatsächlich das, was sie vorgeben zu sein.
Wenn man sich wirklich und wahrhaftig auf die Suche nach der einzigen und allumfassenden Wahrheit, der *Wahrheit, die aus*

den Menschen tatsächlich den MENSCHEN macht [14] begeben hat, muss man sich jedoch davor hüten, die Wahrheit aus der heute meist vorherrschenden materialistischen Weltanschauung heraus finden zu wollen.
In dieser uns umgebenden Welt der Sinneseindrücke, wie Sehen, Hören, Fühlen, Schmecken usw. werden Sie die einzige und allumfassende Wahrheit, die HINTER all diesen Erscheinungen steht, nicht entdecken.
Dies scheint zunächst vielleicht verwirrend zu sein und soll somit an einem einfach nachzuvollziehenden Beispiel verdeutlicht werden.
Angenommen, Sie wollen heute einen Menschen treffen, den Sie noch niemals in ihrem Leben bisher gesehen haben. Diese Person ist noch niemals öffentlich aufgetreten, hat aber schon so viel Gutes für die Menschen getan, dass Sie ihn heute unbedingt kennen lernen möchten. Da die Person noch niemals in der Öffentlichkeit wirksam wurde, haben ihnen schon einige Personen in ihrem Umfeld zu verstehen gegeben, dass es sinnlos sei, heute an den, zugegebenermaßen weit entfernten, vorgesehenen Treffpunkt zu fahren. Dies würde für Sie ja nur einen großen Zeitaufwand bedeuten, und es würde sowieso ‚nichts dabei herauskommen'. Ja, manche dieser Leute gehen dabei sogar so weit, Ihnen gegenüber zu behaupten, dass es diese Person wohl gar nicht gäbe, da sie ja noch niemals irgendjemand GESEHEN oder mit ihr GESPROCHEN habe. Wenn Sie dieser scheinbaren Logik folgen würden, würde dies möglicherweise bedeuten, dass Sie damit die EINMALIGE

---

[14] siehe Zitat: Antoine de Saint-Exupéry - Seite 135 dieses Buches

CHANCE in Ihrem Leben vertan haben, diese Person jemals kennen zu lernen.
Und so ist es auch mit der einzigen und allumfassenden Wahrheit, die **HINTER** all diesen Sinneserscheinungen steht.
Nur, weil wir die WAHRHEIT mit unseren Sinnen nicht wahrnehmen, nicht SEHEN und nicht HÖREN können, heißt dies, und nun auf unser Beispiel übertragen doch nicht, dass dieser Mensch, der ja nachweislich HINTER all dem GUTEN FÜR DIE MENSCHHEIT steht, nicht existent ist.
Wenn Sie fest entschlossen sind, das zu erkennen **„... was die Welt im Innersten zusammenhält..."** [15] müssen Sie nicht viel dazu tun. Es genügt, sich diesen Dingen OFFEN und UNVOREINGENOMMEN zu nähern. Seien Sie einfach frei von allen Vorurteilen, frei von allen erlernten und durch diese, überwiegend materialistisch denkende, Gesellschaftsordnung geprägten Meinungen, Anschauungen und Ideologien.
Prüfen Sie mit ihrem UNVOREINGENOMMENEN Verstand, Ihrem freien Denken, alles das, was sich ihnen als nur scheinbare oder aber auch tatsächliche Wahrheit offenbart oder auch nur offenbaren will.
Mit jedem Tag, den wir auf diesem Weg voranschreiten, wird es uns immer leichter fallen...

„Die Spreu vom Weizen zu trennen"

Deutsches Sprichwort

...und somit die Wahrheit von einer scheinbar wohlfeilen Lüge zu unterscheiden.

---

[15] Johann Wolfgang von Goethe – Faust Erster Teil

Nutzen Sie immer, jeden Tag, jede Stunde und jeden einzelnen Atemzug dazu, um immer auf dem Weg zu dieser EINZIGEN und EWIGEN Wahrheit voranzuschreiten.

Ausblick auf das zweite Buch der LICHTREIHE

Der zweite Band der LICHTREIHE von John R. McCollins will uns auf unserem weiteren Weg begleiten. Auf unserem weiteren Weg zur Liebe und zum wahren Licht und **bis** hin **zu den golden leuchtenden Toren**.

Wenn man die Beschreibungen von sogenannten ‚Nahtoderlebnissen' betrachtet, fällt signifikant auf, dass ein Element dieser ‚Erlebnisse' stets exakt gleichlautend beschrieben wird:
Die Menschen schildern stets, dass sie sich auf ein Licht zubewegt haben. Ein leuchtendes, goldenes, warmes und Liebe verströmendes Licht.
Interessanterweise wird diese ‚Erscheinung' sogar in fast allen Teilen dieser Welt völlig identisch geschildert. Sie ist somit völlig unabhängig vom Bildungsgrad, der Bevölkerungsgruppe und dem sozialen Umfeld dieser Menschen.
Was denken Sie, könnte dieses golden leuchtende, warme und Liebe verströmende Licht sein?

John R. McCollins – Der Weg zu den goldenen Toren
2. Band der LICHTREIHE

Öffnen Sie Ihre Augen und bleiben Sie so immer auf
diesem Weg zum Licht des kommenden Morgens.
Und, wer weiß, vielleicht sehen wir uns dann
eines Tages wieder.
Vielleicht sogar in einem weiterführenden Buch von
John R. McCollins.

Und vielleicht darf ich Sie dann wieder ein kleines
Stück IHRES Weges, diesmal vielleicht sogar bis an die
golden leuchtenden Tore mit der Aufschrift
„Ziel Deines Lebens",
begleiten.

*Meine besten Wünsche begleiten Sie
bis dahin. Der Verfasser* △

Weitere Bücher von John R. McCollins

Der Weg zu den goldenen Toren

John R. McCollins' Lichtreihe - 2. Band

ISBN Printausgabe: 978-3-759228-45-1

ISBN E-Book: 978-3-759228-44-4

Der zweite Band des Ihnen gerade vorliegenden Buches führt den Suchenden weiter auf seinem Weg zur Liebe und zum wahren Licht. Weiter auf seinem Weg und hin bis zu den golden leuchtenden Toren mit der Aufschrift: „Ziel Deines Lebens".

ERGÄNZUNGSBAND zu „Der Weg zu den goldenen Toren“

ISBN ERGÄNZUNGSBAND: 978-3-759228-46-8

Dieser Auszug aus der Printausgabe ist gedacht für:

- **alle E-Book-Lesenden, welche die Versuche mit den verschiedenen Formen des ‚Wirklichkeitsstrahls‘ selbst durchführen möchten und**
- **für alle die Lesenden der Printausgabe, welche ihr Buch nicht gerne ‚zerschneiden‘ möchten.**

Enthält ausschließlich die Kapitel zum ‚Selberbasteln‘ der beiden Modelle vom ‚Wirklichkeitsstrahl‘.

Achtung, dies ist nur ein Auszug der Printausgabe (ca. 40 Seiten) im Taschenbuchformat.

Bommelfutz® und das Haus der blauen Steine

Erster Teil der ‚Bommelfutz®'-Fantasy-Krimi-Reihe

ISBN Printausgabe: 978-3-759228-47-5

ISBN Ebook: 978-3-759228-48-2

Mitten in der Nacht wird Hauptkommissar Bommelfutz® zu einem weiteren scheinbaren Selbstmord gerufen. Dieses Mal hat jedoch kein für die Presse namenloser Junkie seinem Leben ein jähes Ende gesetzt. Dieses Mal scheint ALLES anders zu sein. Das 23. Opfer dieses Hochhauses ist kein namenloser Junkie mehr, sondern eine, wohl zumindest stadtbekannte, Persönlichkeit. Schon auf dem Weg zum Tatort beginnen die ersten Verwicklungen sichtbar zu werden. Ja selbst der mysteriöse Mörder von Nico R. von S. scheint immer noch in diesem Gebäudekomplex präsent zu sein. Dort präsent zu sein, um dort auf weitere Opfer zu lauern. Die Jagd nach diesem Phantom führt den Leser durch Raum und Zeit und bis in eine scheinbar weit zurück liegende Zeit. Und selbst Bommelfutz® und dieses vermeintlich körperlose Wesen scheinen sich nicht so fremd zu sein, wie es dem Leser zunächst erscheinen will...

Alle weltlichen Dinge sind
nur ein Traum im Frühling.
Betrachte den Tod
als Heimkehr.
Konfuzius